Grundkurs

Origami

Japanische Papierfaltkunst für Einsteiger

Im Grundkurs erfahren Sie alles über das richtige Papier zum Falten und lernen mithilfe der Fotoanleitungen verschiedene Grundformen kennen, mit denen Sie erste Tiere selbst falten können. Der zweite Buchteil enthält weitere 19 inspirierende Faltideen für Figuren und Praktisch-Dekoratives.

Die im Grundkurs des Buches vorgestellten Grundformen werden auf dem DVD-Video noch einmal ausführlich dargestellt. Zusätzlich finden Sie drei weitere Faltungen aus dem Kapitel Origami-Ideen und eine Bonusfaltung auf der DVD.

ENTSPANNEND UND INSPIRIEREND

Zwei geschickte Hände und ein quadratisches Papier reichen in der Regel aus, um kunstvolle Faltfiguren entstehen zu lassen – in den meisten Fällen wird dabei auf Klebstoff und Schere verzichtet. Mit etwas Übung lassen sich Blumen, Tiere sowie dekorative oder nützliche Objekte falten.

Dabei muss Origami nicht schwierig sein. Yumi Kajiwara-Gottscheber hat in Japan die Kunst des Origami schon im Kindergarten gelernt. In diesem Grundkurs gibt sie Ihnen nützliche Tipps zu Material und Technik und zeigt Ihnen, wie Sie schnell und fundiert zu bezaubernden Ergebnissen kommen.

In der Ideensammlung finden Sie weitere Formen und Motive, die allesamt Bild für Bild erklärt werden und auf den fünf Grundformen: Dreieck, Rechteck, Drachen, Mühle und Doppeltes Quadrat aufbauen. Lassen Sie sich von der faszinierenden Welt des Origami bezaubern und denken Sie immer daran: Wer 1.000 Origami-Kraniche faltet, der bekommt laut einer japanischen Legende von den Göttern einen Wunsch erfüllt!

Der besondere Clou ist die beiliegende DVD. Hier zeigt die Autorin live die Grundfaltungen des Buches anhand eines Hundes, Schweins, Pfaus, einer Schachtel und des berühmten Kranichs. Zusätzlich finden Sie drei weitere Faltungen aus dem Buch und als Bonusfaltung eine wunderschöne Iris auf der DVD.

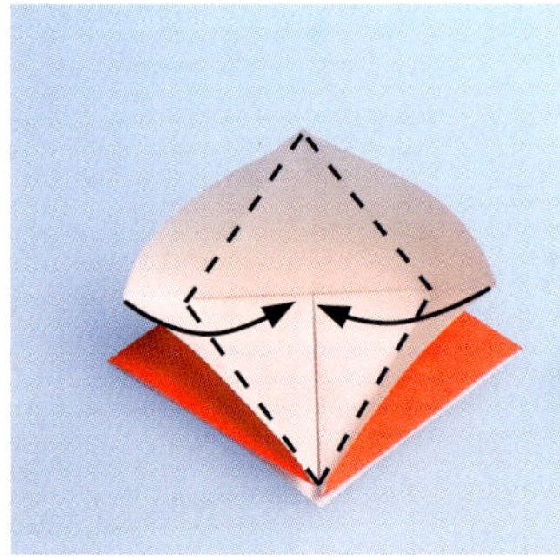
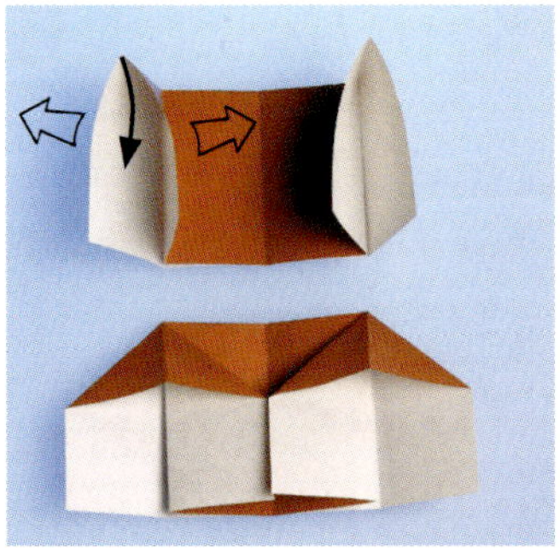

GRUNDKURS

Origami (jap. Ori = falten, Kami = Papier) ist die traditionelle japanische Kunst des Papierfaltens. Einer Legende zufolge wurde sie um 550 n. Chr. mit dem Papier von buddhistischen Mönchen nach Japan gebracht.

Über Jahrhunderte hatte Origami eine ausschließlich religiöse und zeremonielle Bedeutung: So verkörperte gefaltetes Papier im Shintoismus die Götter und es gehörte zum guten Ton, Geschenke in kunstvollen Papierhüllen zu überreichen. Erst im 16. Jahrhundert wandelte sich das Papierfalten zur erholsamen Freizeitbeschäftigung. Aus dieser Zeit stammen viele der traditionellen Formen, die bis heute bekannt sind – so auch der berühmte Kranich.

Ausgehend von fünf Grundformen erfahren Sie im Workshop Bild für Bild, wie die Origamifiguren gefaltet werden. So entsteht aus einem einfachen Dreieck ein putziger Hund, aus einem Viereck ein Glücksschwein, aus einer Drachenform ein beeindruckender Pfau, aus einer Mühlenform ein Becher und aus dem doppelten Quadrat der berühmte Kranich.

Alle Faltungen sind im Foto dargestellt und zusätzlich kurz erklärt, so dass Sie auf einen Blick sehen, wie die faszinierenden Figuren und Objekte entstehen.

Bevor Sie aber mit dem Falten beginnen, sollten Sie einige Grundfaltungen üben, die immer wieder auftauchen. Diese sowie eine kleine Materialkunde, zeigen wir Ihnen zu Beginn des Grundkurses.

Das unten stehende Symbol zeigt Ihnen an, wenn Sie ein Kapitel des Grundkurses auch auf der DVD finden.

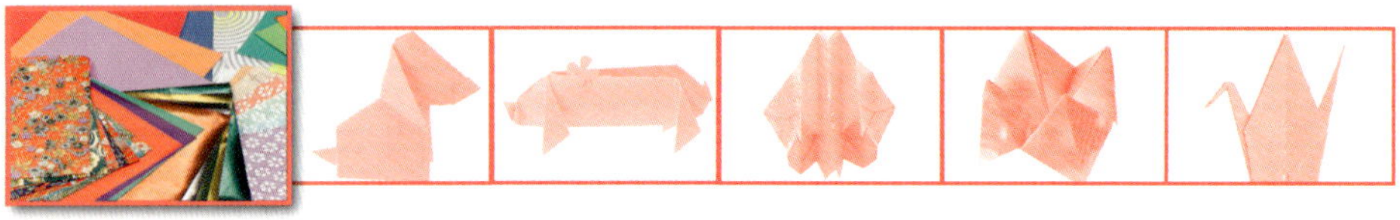

GRUNDLAGEN
MATERIALKUNDE

Jede Origamifigur hat den gleichen Ursprung: ein quadratisches Blatt Papier. Sie können im Fachhandel aus einer reichen Papiervielfalt wählen, neben einfarbigen Papieren gibt es dort auch gemusterte. Übliche Größen des Origamipapiers sind 13 cm x 13 cm und 15 cm x 15 cm, diese sind ideal für Anfänger. Achten Sie beim Kauf auch auf das Papiergewicht: besonders leicht lässt sich solches mit einem Gewicht von ca. 52 g/qm falten.

Gemustertes Origamipapier
Die Vielfalt an Mustern ist riesig: Tierfelle, Grafisches, Blume, Farbverläufe und vieles mehr. Die Rückseite des Papiers ist weiß. Das dünne Papier eignet sich gut für Anfänger.

Beidseitig gefärbtes Origamipapier
Beide Seiten sind farbig; sie haben entweder die gleiche Farbe oder sind in zwei unterschiedlichen Farben gefärbt.

Japanisches Chiyogami
Man spricht ‚Tschyogami'. Dieses traditionelle Origamipapier hat eine wasserabweisende Oberfläche und ist einseitig mit traditionellen Mustern bedruckt.

Origami-Glanzpapier
Dieses einseitig gefärbte Origamipapier sorgt für schöne Lichtreflexe und eignet sich gut für festliche Dekorationen.

Alu-Origamipapier
Eine Seite ist mit einer Metallicschicht versehen, die andere weiß oder unifarben.

Einseitig gefärbtes Origamipapier
Dieses Papier hat eine unifarbene oder gemusterte und eine weiße Seite. Es ist recht dünn und eignet sich gut für Anfänger.

Japanisches Washi
Man spricht ‚Waschi'. Das handgeschöpfte Naturpapier ist recht dick und vor allem für Figuren und Objekte mit wenigen Faltschritten geeignet.

Tipps

Falls Sie kein passendes Papier finden, können Sie auch Geschenk- oder Kopierpapier quadratisch zuschneiden.

Je größer das Papier ist, desto größer werden die gefalteten Objekte. Anfänger sollten größere Formate wählen (ab 13 cm), Fortgeschrittene können auch Mini-Origami mit 7,5 cm kleinem Papier anfertigen.

Die Papierstärke sollte auf das Faltobjekt abgestimmt sein. Für ein Modell, das aus mehreren Faltschritten besteht (wie die Blumen, Seite 46, und die Becher, Seite 60) oder das nach dem Falten mit Luft gefüllt werden muss (wie die Bälle, Seite 40, oder der Kranich, Seite 24), ist dünnes Papier gut geeignet. Modelle, die nach wenigen Faltschritten fertig sind, wie die Pinguine auf Seite 37, können auch mit stärkerem Papier gefaltet werden.

Stärkeres Papier, z. B. Faltblätter aus Tonpapier, kann mit einem Schwamm angefeuchtet werden, dann lässt es sich besser falten.

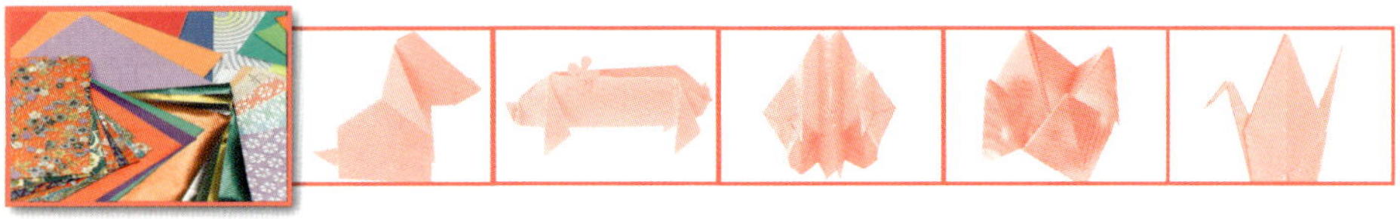

GRUNDTECHNIKEN

Die hier gezeigten Faltungen kehren beim Anfertigen von Origamiobjekten öfter wieder. Um die nötige Fingerfertigkeit zu bekommen, sollten Sie sie vor dem Anfertigen einer Origamifigur üben.

Kabusefalte
Für die Mützenfalte die Papierspitze zur geschlossenen Seite hin falten. Dann die Falte mit einem Finger nach innen eindrücken und die Spitze nach hinten umlegen, so dass die Innenseite nach außen schaut.

Bergfalte
Wenn die Seiten des Papiers nach hinten geklappt werden, spricht man von einer Bergfalte.

Talfalte
Wird nach vorne gefaltet, entsteht eine Talfalte.

Uchigawafalte
Die Spitze zur geschlossenen Papierkante hin falten und dann nach innen einschlagen.

Nakawarifalte
Für die Tütenfalte die obere Spitze des Papiers zur offenen Seite hin falten. Danach das Papier an der oberen Faltlinie entlang nach innen drücken.

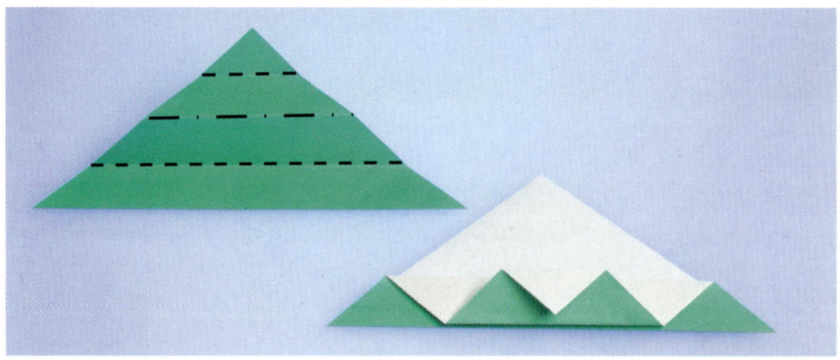

Danfalte
Durch die Wiederholung von Berg- und Talfalte faltet man das Papier im Zickzack.

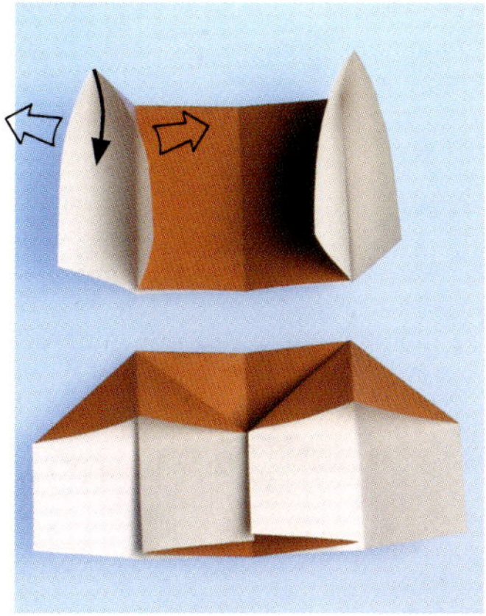

Vom Quadrat zum Dreieck
Die Flügel an der Seite aufklappen und die Spitze auf den Bruch legen. An den Kanten glatt streichen.

Tipp

Während des Faltens sollte das Papier auf dem Tisch liegen. Es sollte nicht gefaltet werden, während Sie es in der Hand halten.

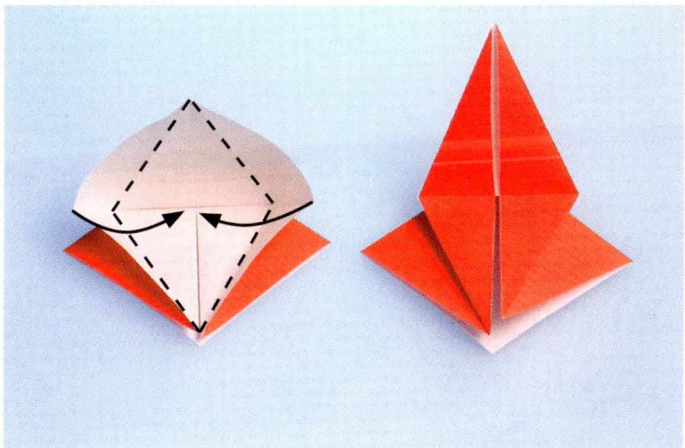

Vom Quadrat zum Rhombus
Die Kante der oberen Papierlage nach oben ziehen und die Seiten zur mittleren Faltlinie einklappen. Die Kanten gut nachstreichen.

Zeichenlegende

Talfaltlinie

Das Papier wird an dieser Linie nach vorne gefaltet.

Bergfaltlinie

Das Papier wird an dieser Linie nach hinten gefaltet.

Vorfaltlinie

Markiert eine bereits gefaltete Linie.

Vorfaltpfeil

Falten Sie das Papier nach vorne.

Rückfaltpfeil

Falten Sie das Papier nach hinten.

Falt- und Entfaltpfeil

Das Papier falten und gleich wieder entfalten.

Wendepfeil

Wenden Sie das Papier.

Umkehrpfeil

Drehen Sie das Papier um 90 oder 180 Grad.

Danfaltpfeil

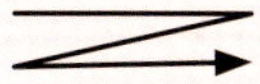

Das Papier durch Wiederholen von Tal- (Strichlinie) und Bergfalte (Strichpunktlinie) zickzack falten.

Aufklapppfeil

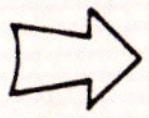

Das Papier öffnen.

Pustepfeil

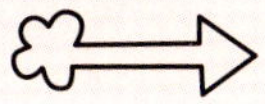

Durch das Loch Luft in das Papier blasen.

Schiebepfeil

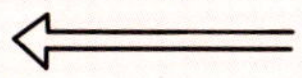

Zwei Papierteile werden ineinander geschoben.

Schneidelinie

Schneiden Sie das Papier an der Markierung ein.

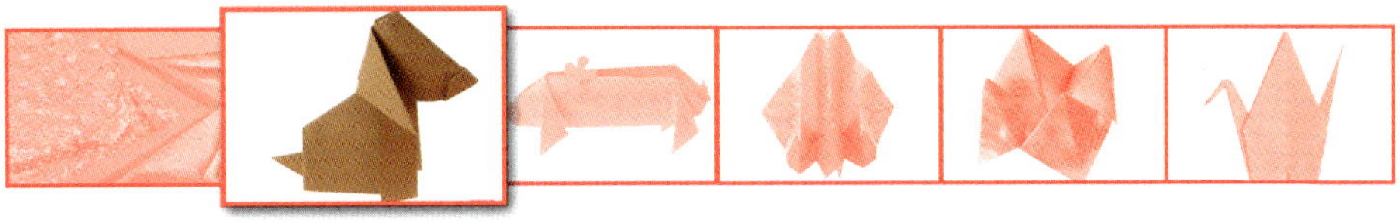

GRUNDFORM 1: DREIECK

HUND

Das Origamipapier wird für die Grundform diagonal gefaltet.
Der Hund ist ein Beispiel für die Vielzahl an Figuren und Objekte, die mit dieser Grundform gefaltet werden können.

Kopf

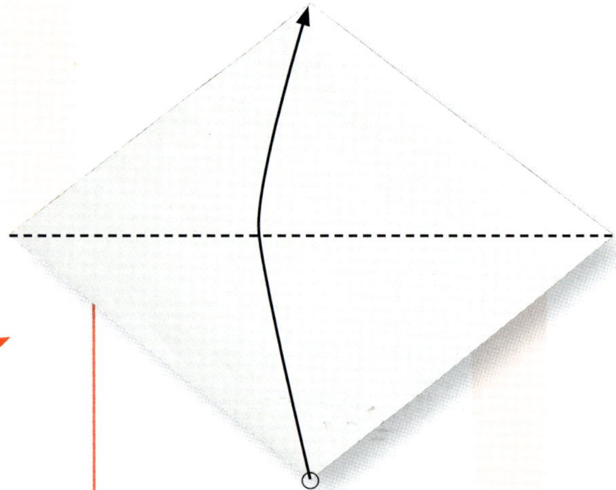

1 Die untere Spitze auf die obere talfalten.
Fertig ist die Grundform 1, das Dreieck.

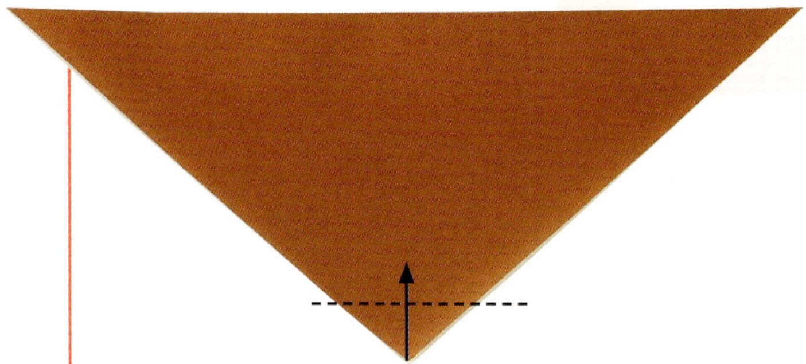

2 Zum Falten des Hundes Grundform 1 drehen. Die doppelte Spitze nach oben talfalten.

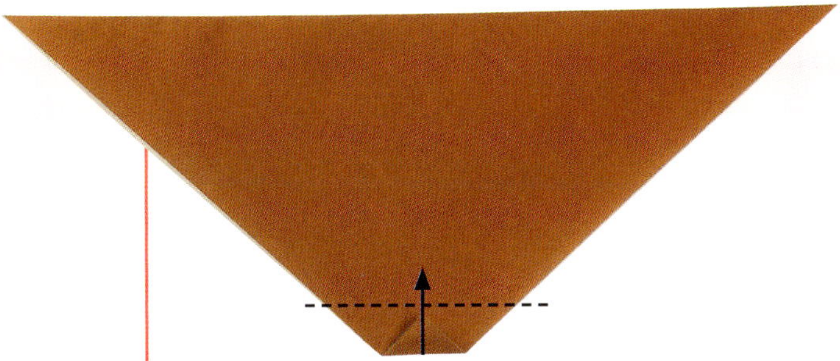

3 Die entstandene untere Kante nach oben talfalten.

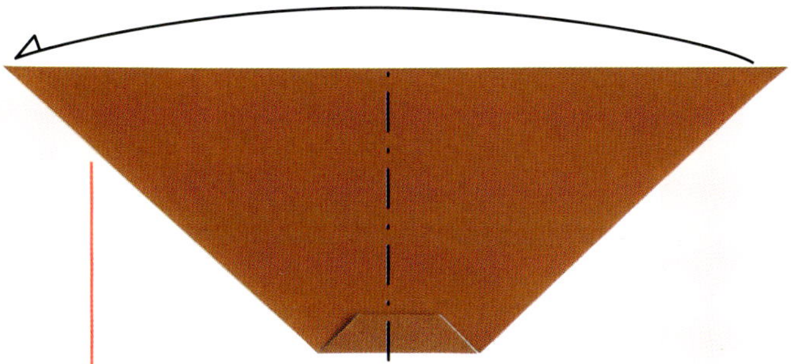

4 Die rechte Spitze auf die linke bergfalten.

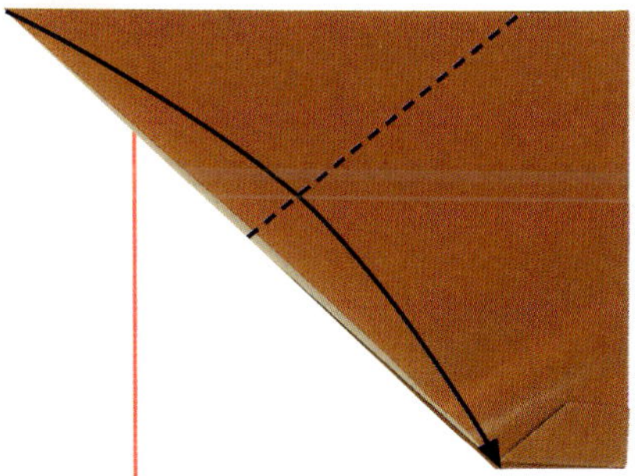

5 Die linke obere Spitze nach unten talfalten. Auf der Rückseite wiederholen.

6 Der Kopf des Hundes ist fertig.

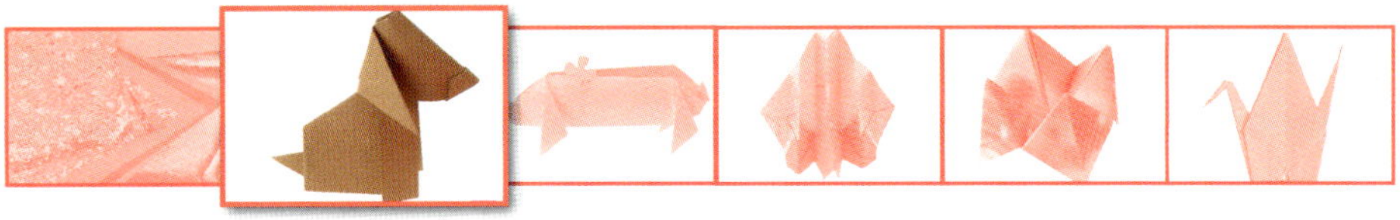

Körper

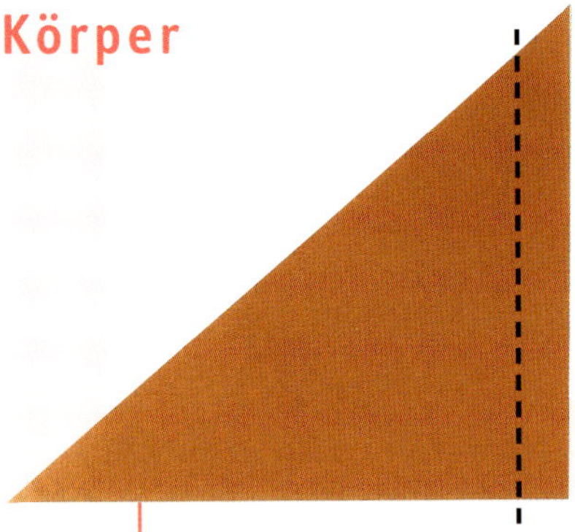

7 Grundform 1 falten. Die offene Spitze liegt rechts. Ein schmales Stück (ca. 1/5 der Breite) nach links talfalten.

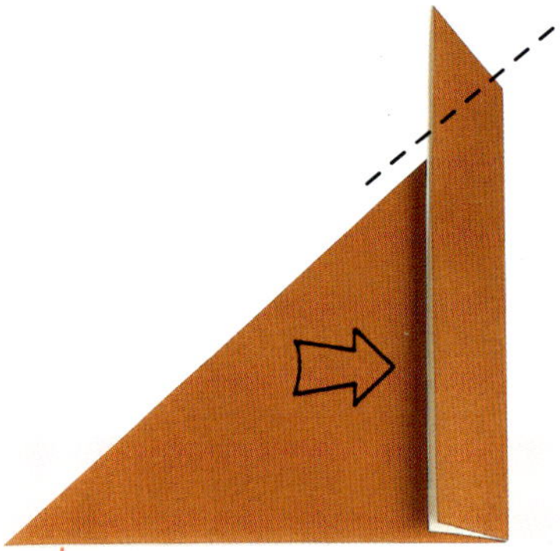

8 Die entstandene Tasche öffnen und die Spitze auf den Bruch legen.

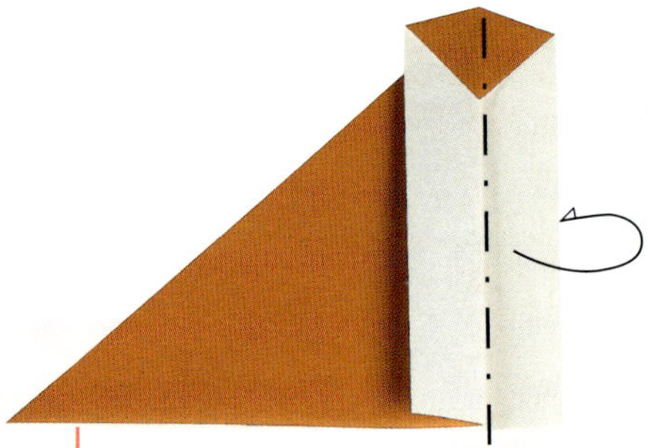

9 Die rechte Seite nach hinten bergfalten.

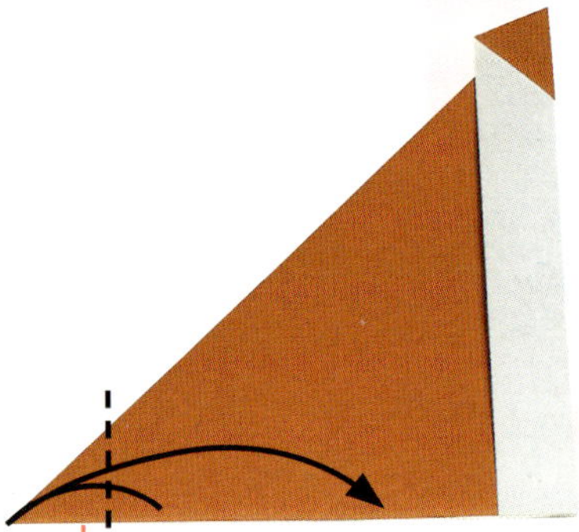

10 Die linke Spitze nach rechts talfalten und wieder entfalten.

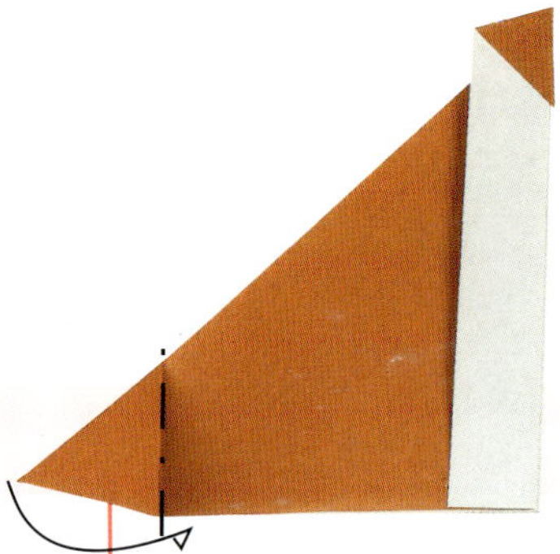

11 Das Dreieck nach innen falten (Uchigarwafalte, siehe Seite 8).

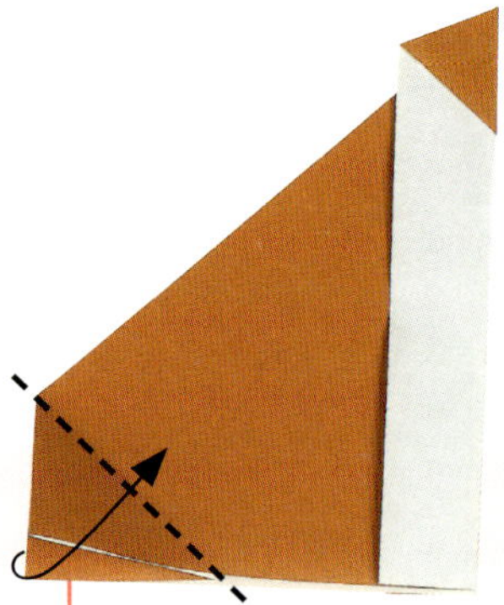

12 Die vordere linke Ecke nach oben talfalten.

13 Die offene Spitze nach oben falten.

14 Die rechte obere Ecke auf die gegenüberliegende talfalten.

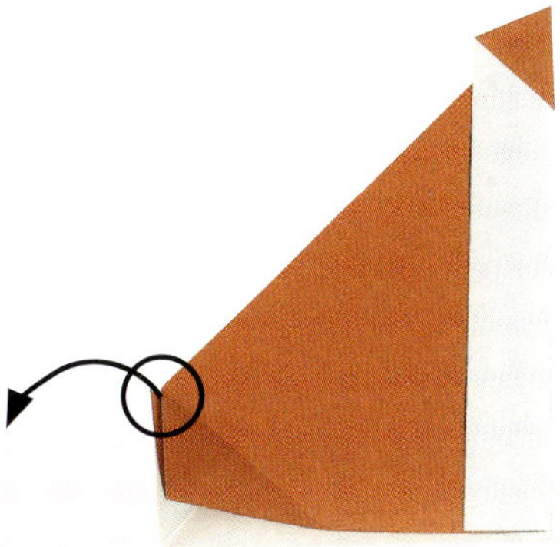

15 Die Spitze leicht nach links ziehen und das Hundeschwänzchen schaut heraus.

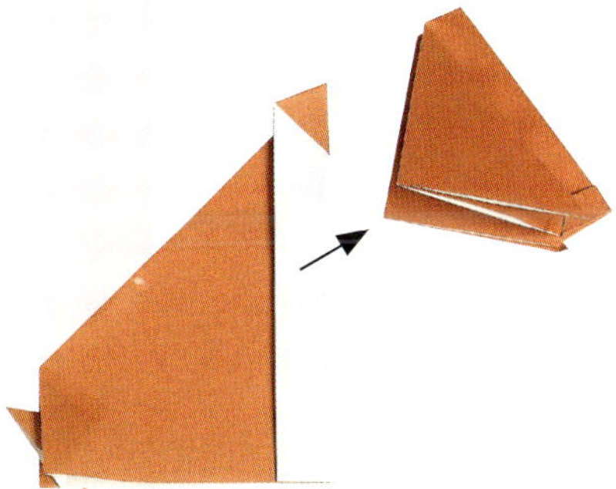

16 Den Körper in den Kopf schieben.

weitere Ideen zu **Grundform 1**

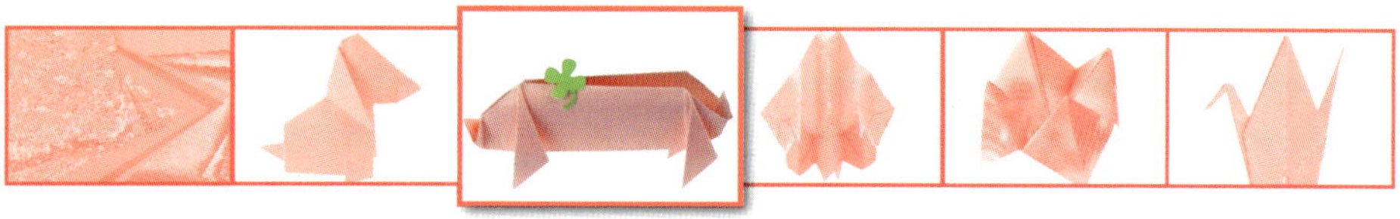

GRUNDFORM 2: RECHTECK

GLÜCKSSCHWEIN

Für diese Grundform wird das Origamipapier Kante auf Kante gefaltet. Aus dem Rechteck kann das knuffige Glücksschwein ebenso wie ein Schmetterling oder eine dekorative Stäbchentüte und vieles mehr gefaltet werden.

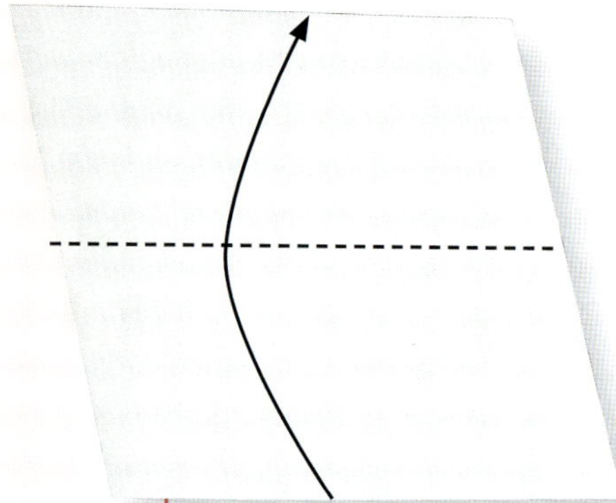

1 Die untere Kante auf die obere talfalten ...

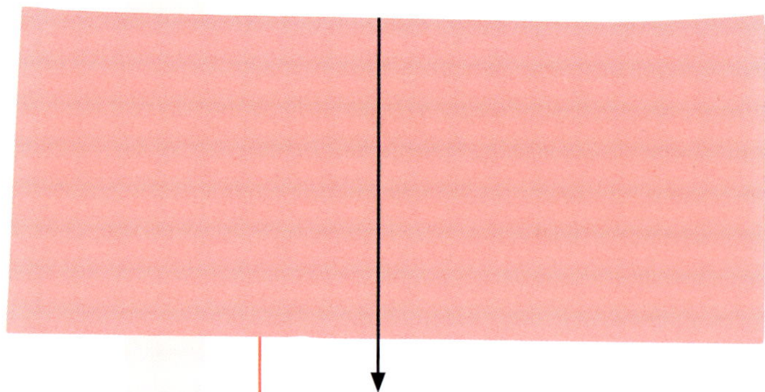

2 ... und das Papier wieder entfalten.

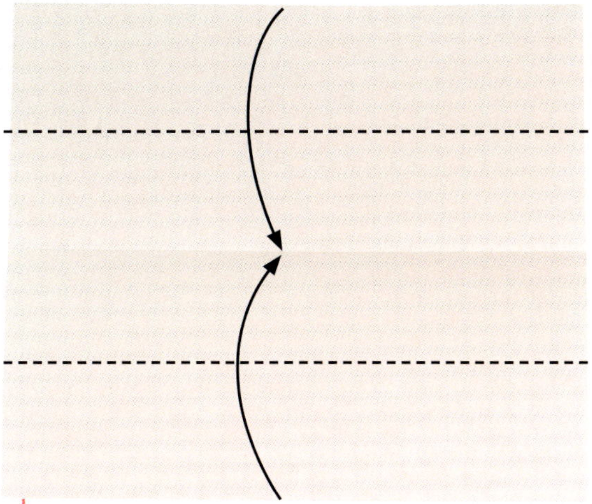

3 Die obere und untere Kante zur Mittellinie talfalten.

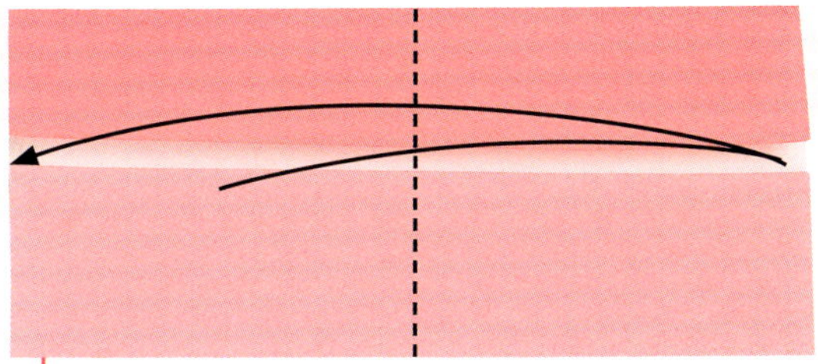

4 Die rechte Kante zur linken talfalten und wieder entfalten.

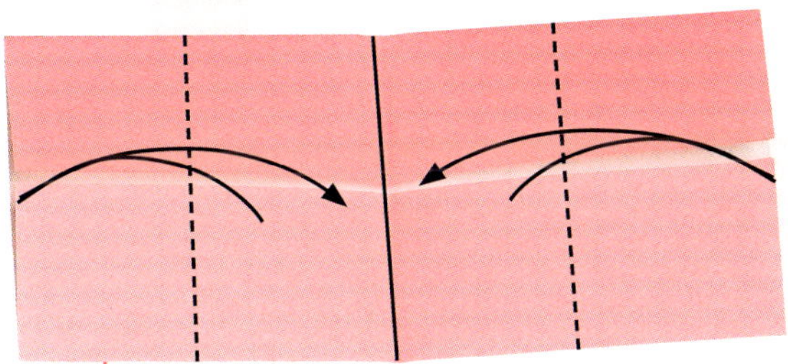

5 Die rechte und linke Kante zur Mittellinie talfalten und wieder entfalten.

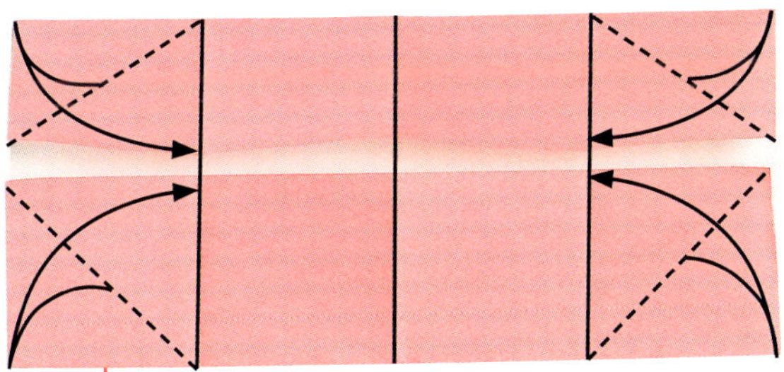

6 Die vier Ecken diagonal zur Faltlinie legen und wieder entfalten.

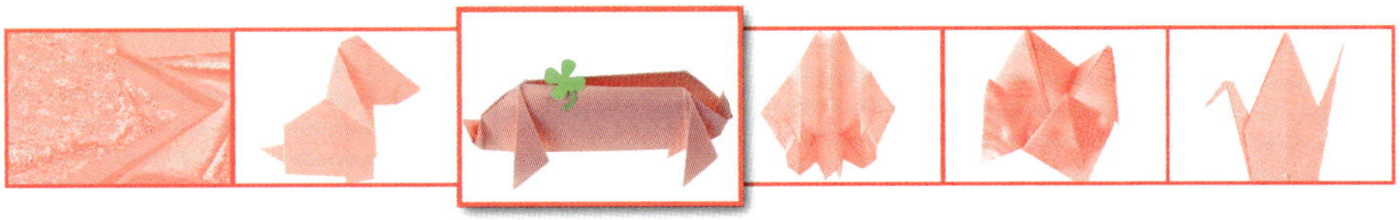

GRUNDFORM 2: RECHTECK

7 Die Kanten öffnen, so dass sie senkrecht stehen.

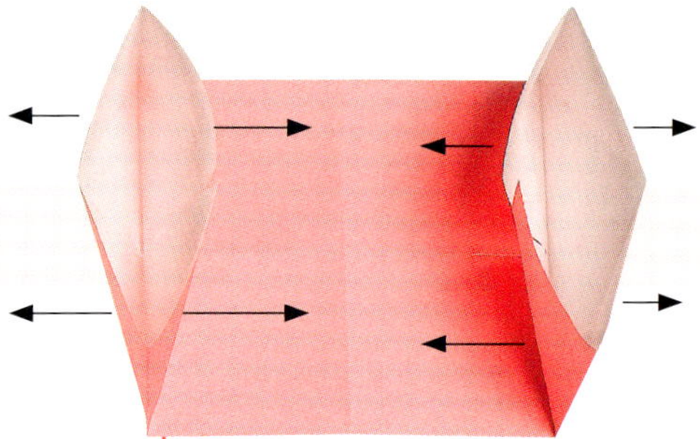

8 Die entstandenen Taschen in Pfeilrichtung auseinander ziehen und von Quadraten zu Dreiecken falten (siehe Seite 9).

9 Das Papier wenden.

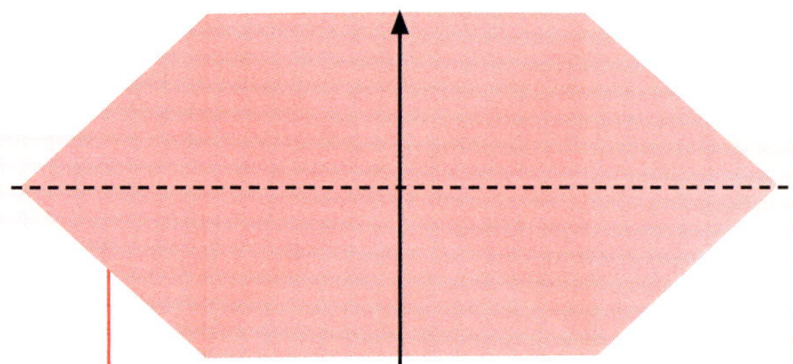

10 Die untere Kante auf die obere talfalten.

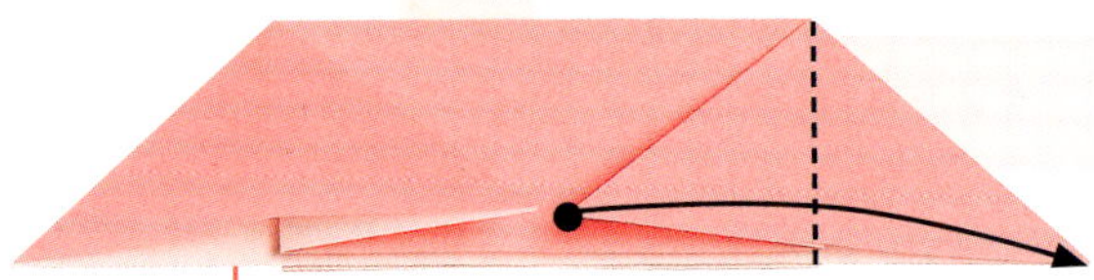

11 Die markierte Spitze auf die gegenüberliegende talfalten.

12 Die rechten Kanten der Dreiecke auf die Vorfaltlinien knicken.

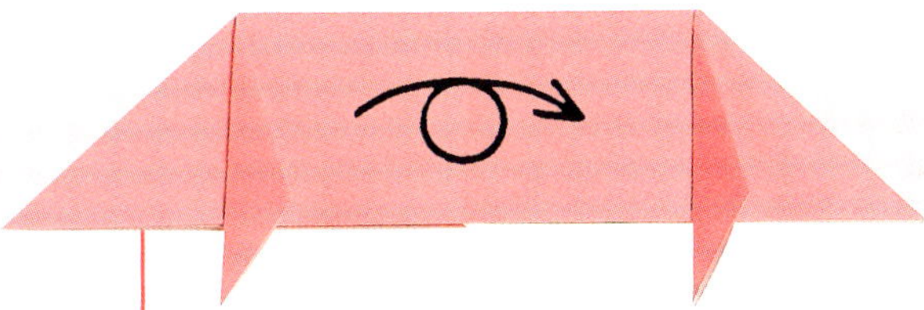

13 Das Papier wenden.

14 Die markierte Spitze auf die linke talfalten.

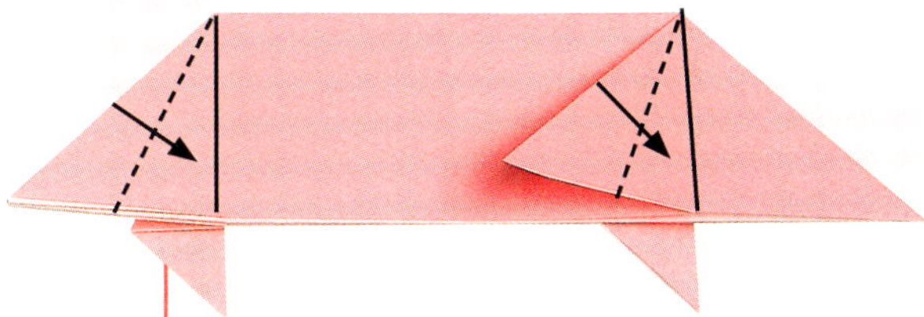

15 Die linken Kanten der Dreiecke zu den Vorfaltlinien legen.

16 Links und rechts eine Uchigawafaltung durchführen (siehe Seite 8).

17 Die mit Kreis markierte Spitze leicht nach links ziehen. Auf der rechten Seite die Spitze etwas nach links falten. Das gleiche auf der Rückseite wiederholen.

weitere Ideen zu **Grundform 2**

Seite 38

Seite 30

Seite 42

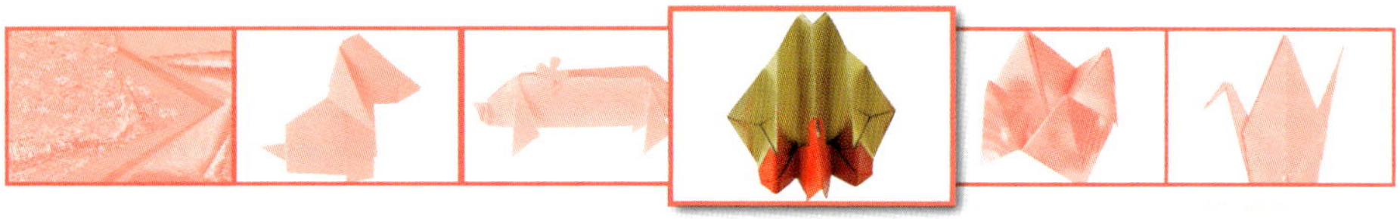

GRUNDFORM 3: DRACHEN

PFAU

Der beeindruckende Pfau mit dem Fächerrad entsteht aus einer simplen Drachenform. Für diese Grundform braucht es nur drei Knicke.

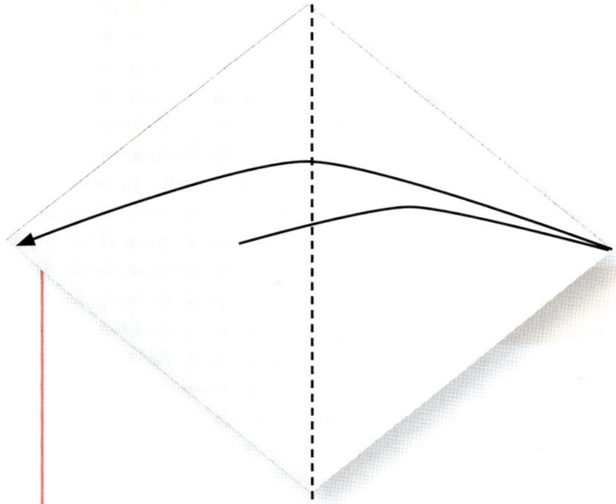

1 Die rechte Spitze auf die linke talfalten und wieder entfalten.

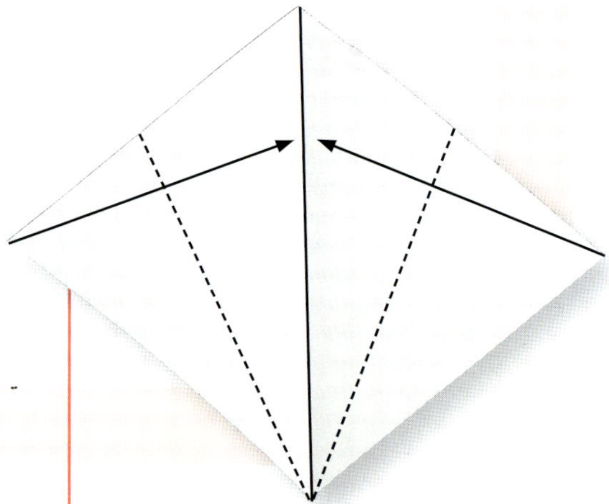

2 Die rechte und linke Kante zur Mittellinie talfalten.

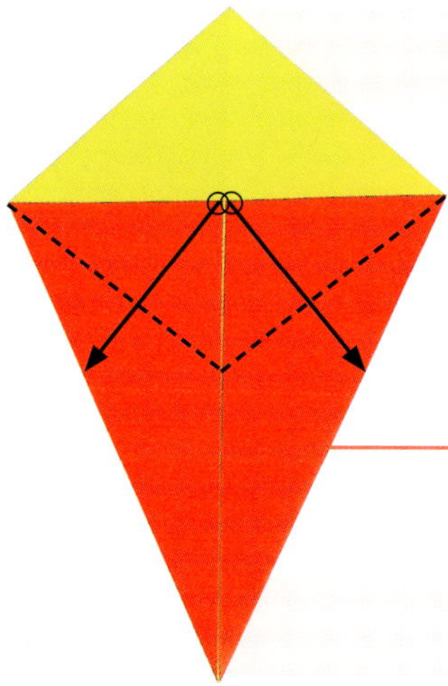

3 Die vorderen zwei Ecken der fertigen Grundform nach unten falten.

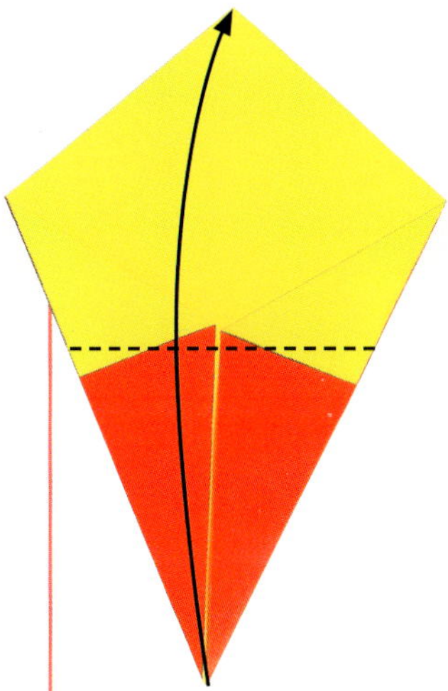

4 Die untere Spitze nach oben falten.

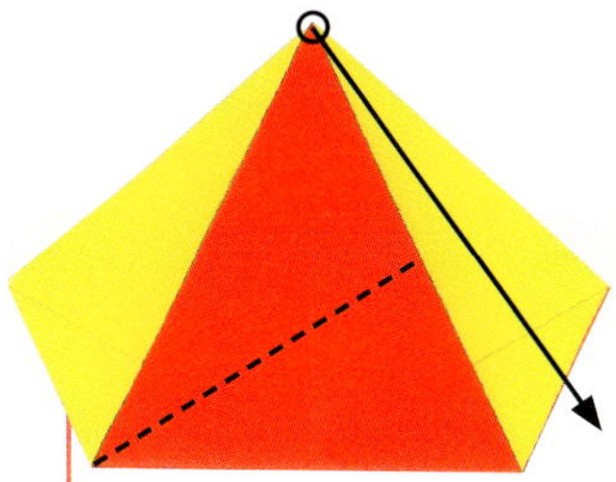

5 Die Spitze talfalten, so dass die linke Kante des roten Dreiecks auf der Unterkante liegt.

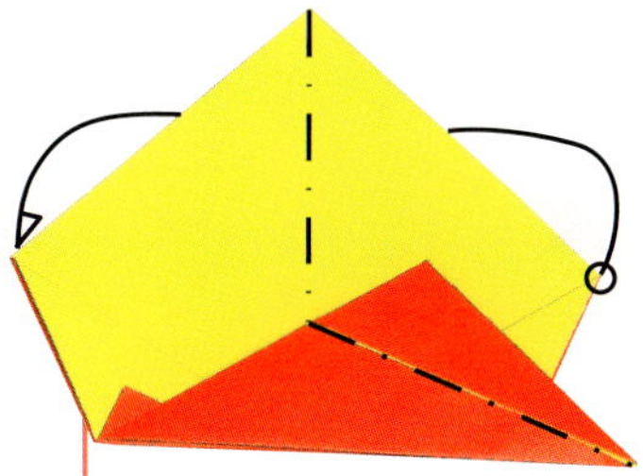

6 Die rechte Ecke auf die linke bergfalten.

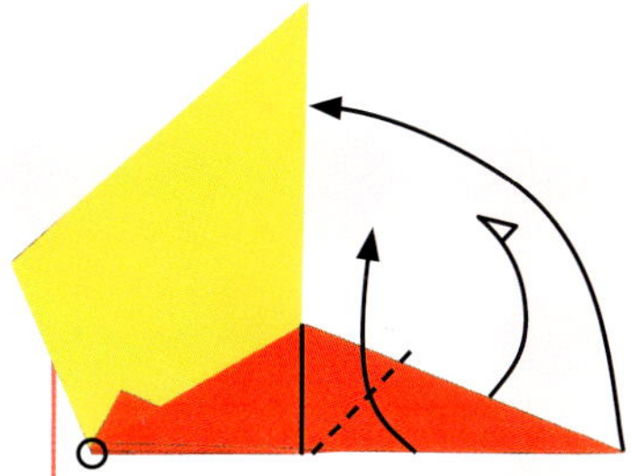

7 An der mit Kreis markierten Stelle festhalten und an dem roten Dreieck eine Kabusfalte (siehe Seite 8) machen.

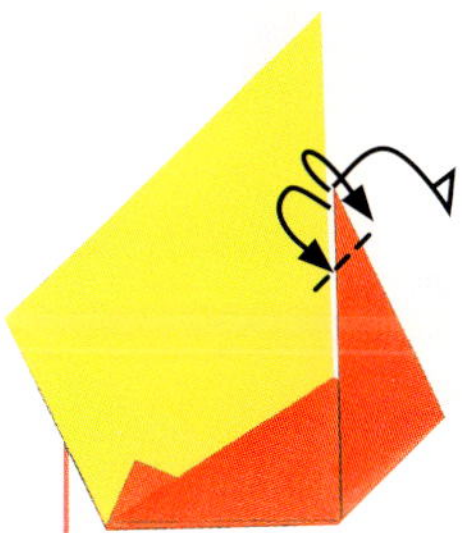

8 Eine Kabusefalte an der Spitze machen (siehe Seite 8).

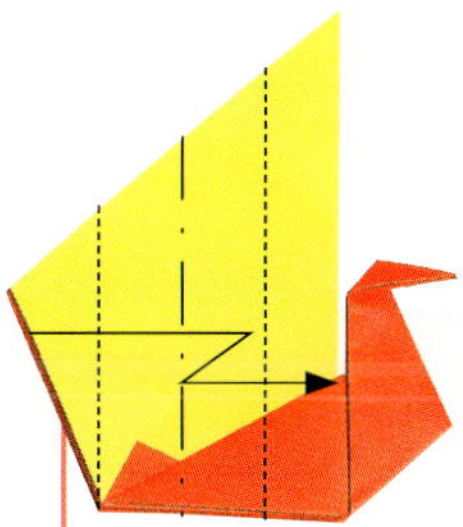

9 Vorne eine Danfalte (siehe Seite 8) machen und auf der Rückseite wiederholen.

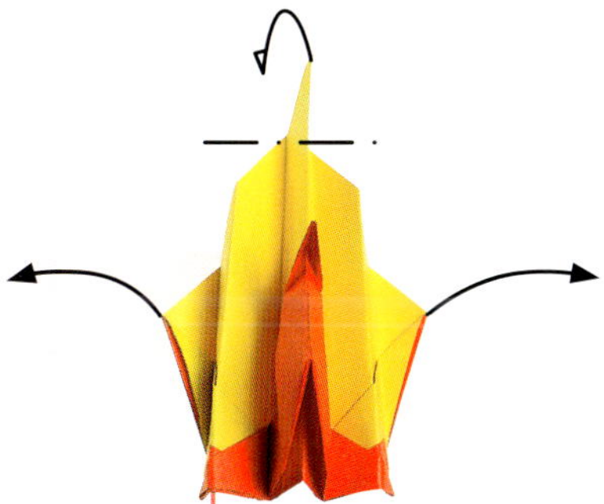

10 Die obere Spitze nach hinten bergfalten und die Federn auseinanderziehen.

weitere Ideen zu **Grundform 3**

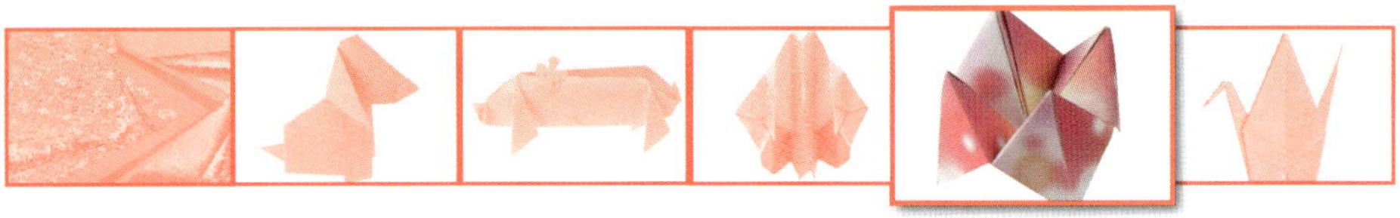

GRUNDFORM 4: MÜHLE

BECHER

Dieser traditionelle Becher hat als Ausgangspunkt Grundform 4:

Dafür wird das Papier erst Kante auf Kante gefaltet und dann werden die Ecken zur Mitte geknickt.

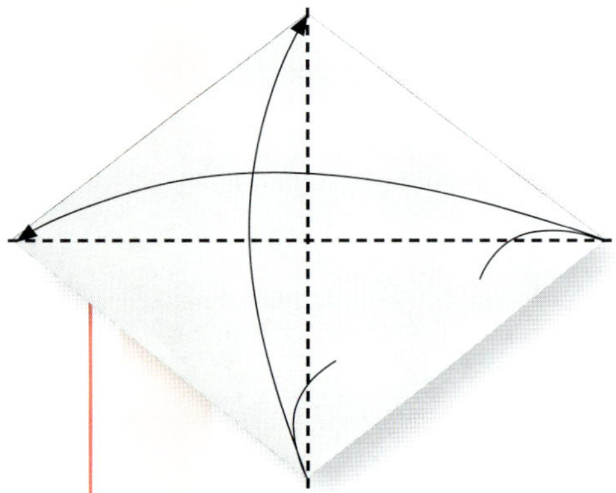

1 Die obere Spitze auf die untere und die rechte auf die linke talfalten. Wieder entfalten.

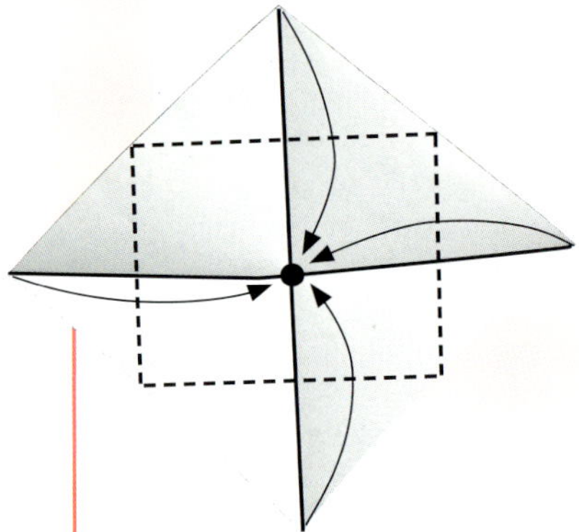

2 Die vier Spitzen zur Mitte falten.

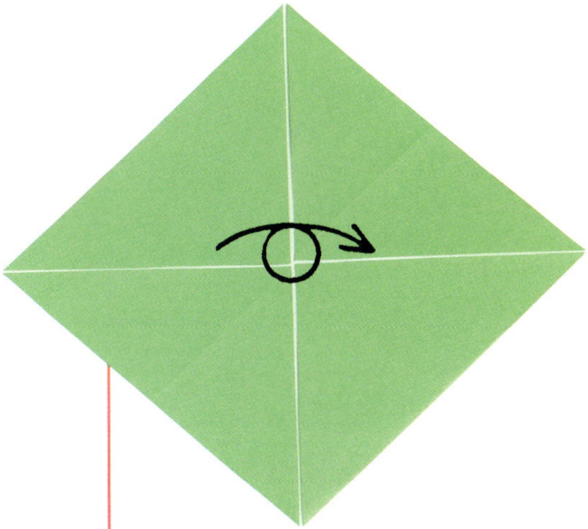

3 Die Grundform wenden.

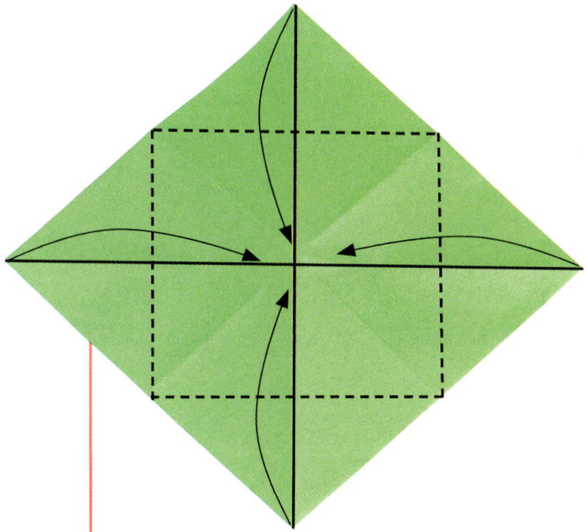

4 Die Ecken zur Mitte falten.

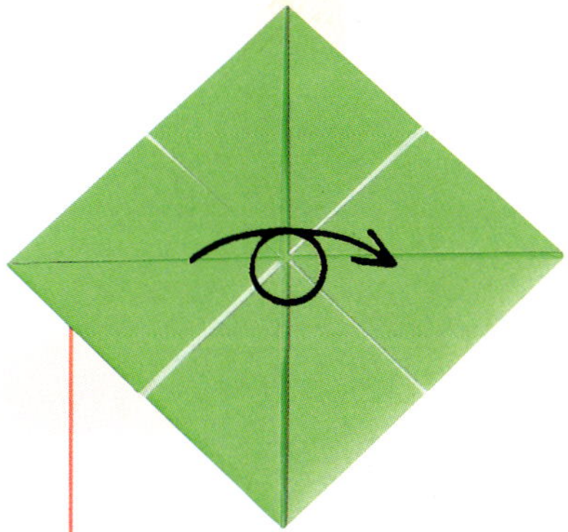

5 Das Papier wenden.

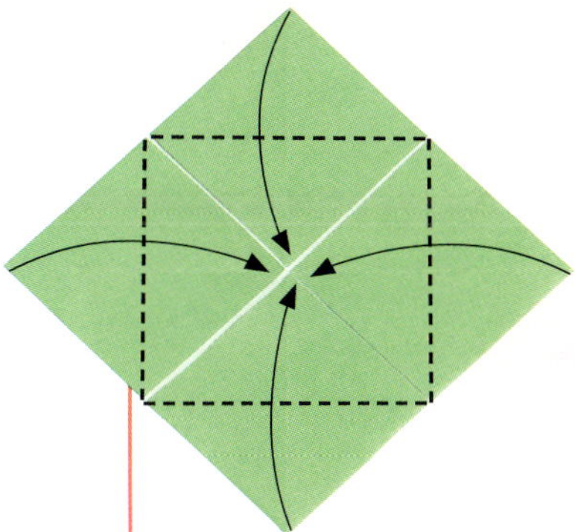

6 Die Ecken wieder zur Mitte falten.

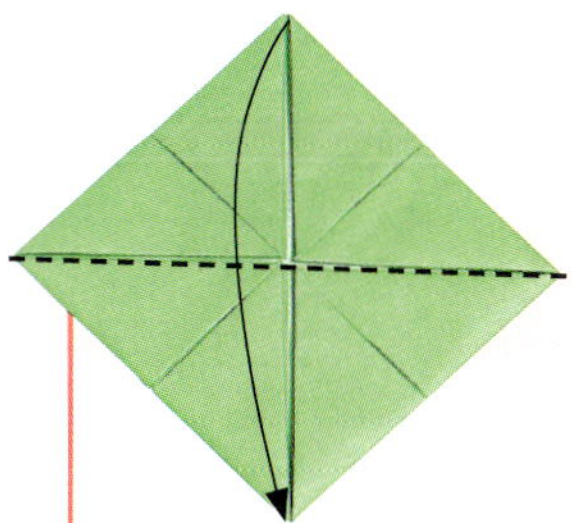

7 Die obere Spitze auf die untere talfalten.

8 Das rechte Dreieck senkrecht aufstellen und öffnen. Die obere Ecke auf die untere legen, so dass ein Dreieck entsteht.

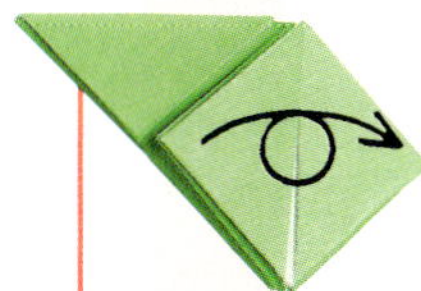

9 Das Papier wenden.

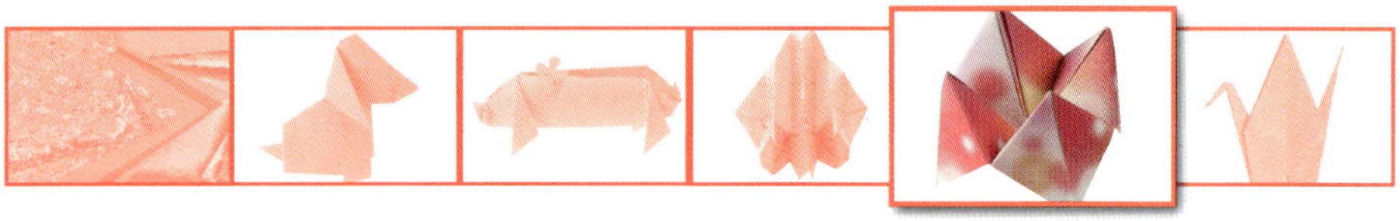

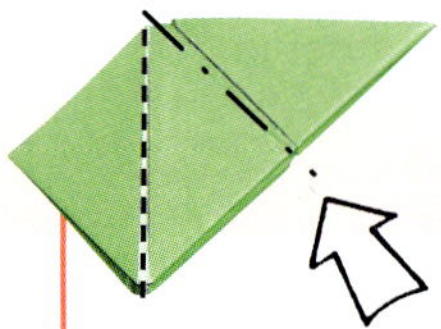

10 Faltschritt 8 wiederholen.

11 Die offenen Seiten des Papiers nach unten legen. Auf jeder Seite liegen nun zwei Papierlagen. Die Lagen rechts und links öffnen ....

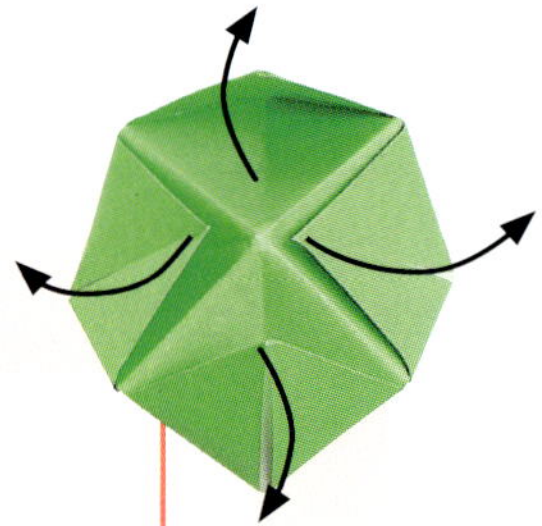

12 ... und ebenso wie die anderen zwei herausziehen.

weitere Ideen zu **Grundform 4**

Seite 23

Seite 56

TIPPS

Verwenden Sie für dieses Origamimodell dünnes Papier.

Mit dieser Origamifigur lässt sich das beliebte Kinderspiel „Himmel und Hölle" spielen – Schnipp-Schnapp!

STERN

Auch der Stern wird nach der Grundform 4 gefaltet.

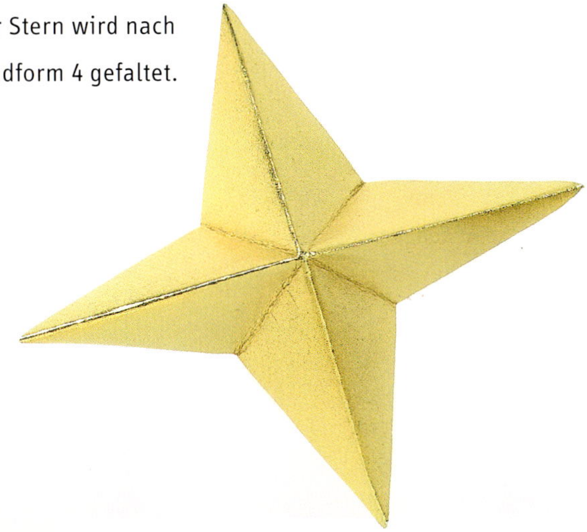

1 Grundform 4 falten. Die obere Kante auf die untere talfalten.

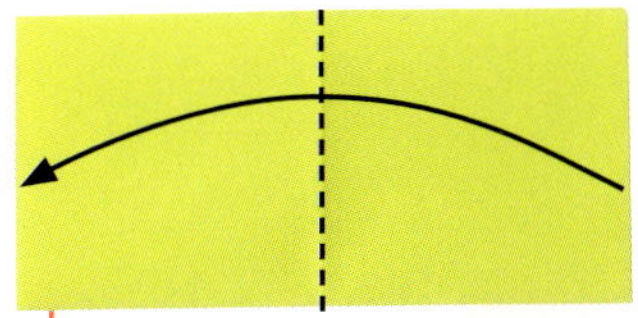

2 Die rechte Kante auf die linke talfalten.

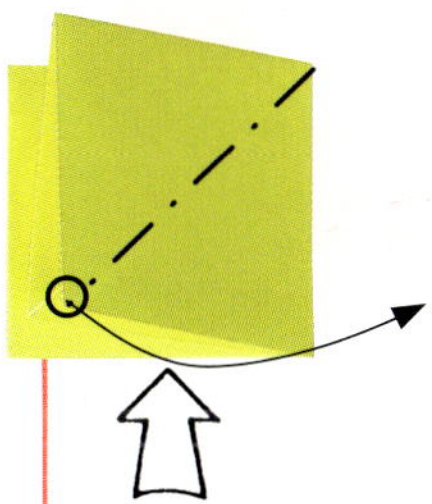

3 Das vordere Viereck öffnen und die markierte Ecke nach rechts falten. Das entstandene Dreieck flach drücken.

4 Das Papier wenden.

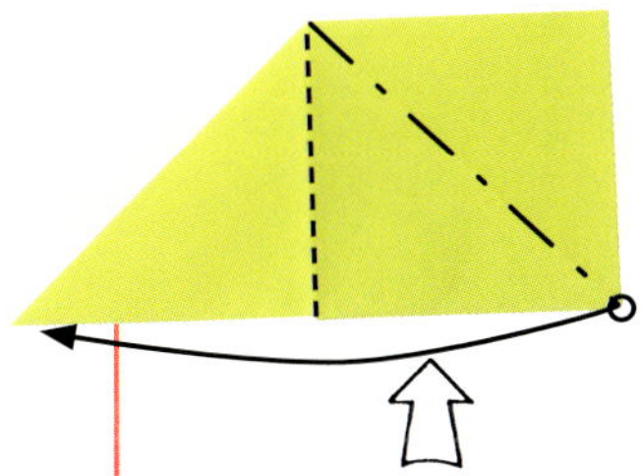

5 Die markierte Ecke auf die linke Spitze falten. Das entstandene Dreieck flach drücken.

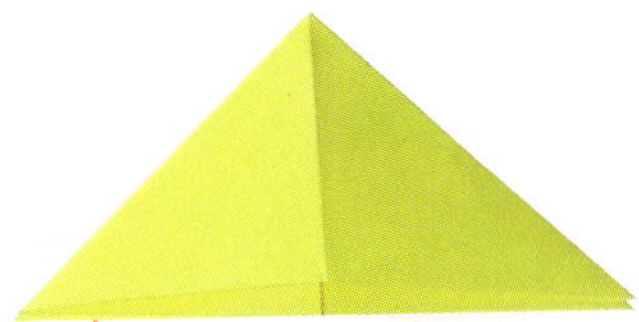

6 Das Papier aufstellen, auf jeder Seite sind zwei Laschen.

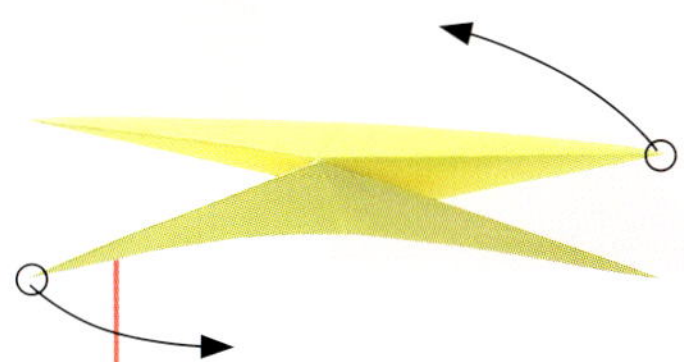

7 Die markierten Spitzen in Pfeilrichtung öffnen.

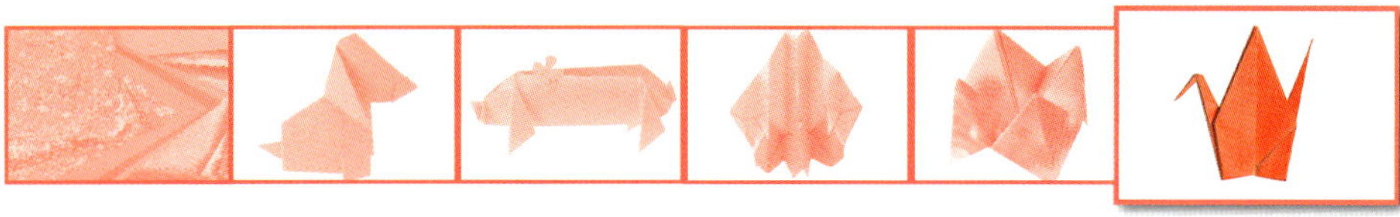

GRUNDFORM 5: DOPPELTES QUADRAT

KRANICH

Die berühmteste Origamifigur ist aufgrund der Vielzahl an Faltungen eine gute Übung. Der Anfang ist ein doppeltes Quadrat, das in acht Schritten gefaltet wird.

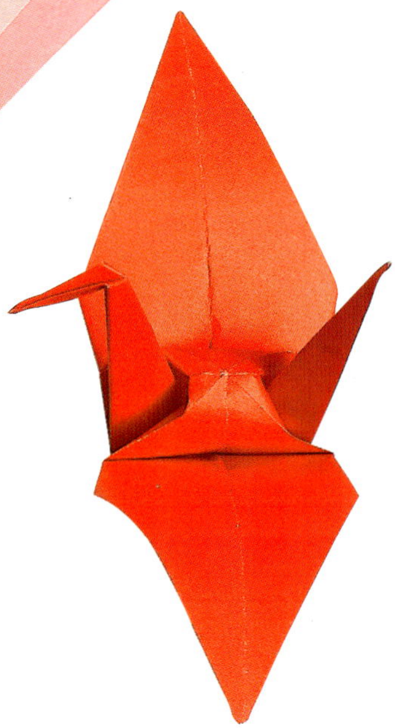

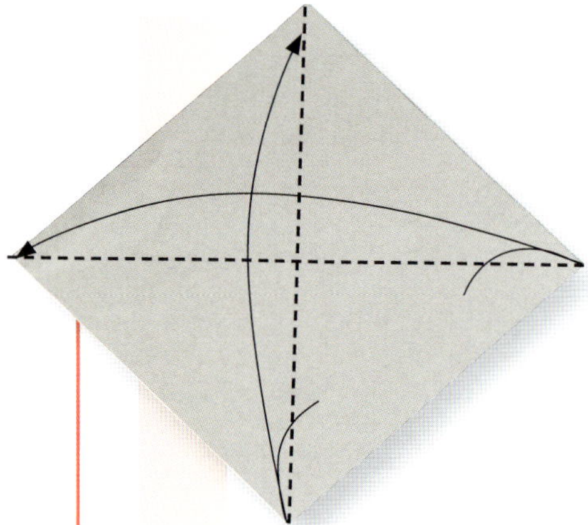

1 Das Blatt diagonal in beide Richtungen talfalten und wieder entfalten.

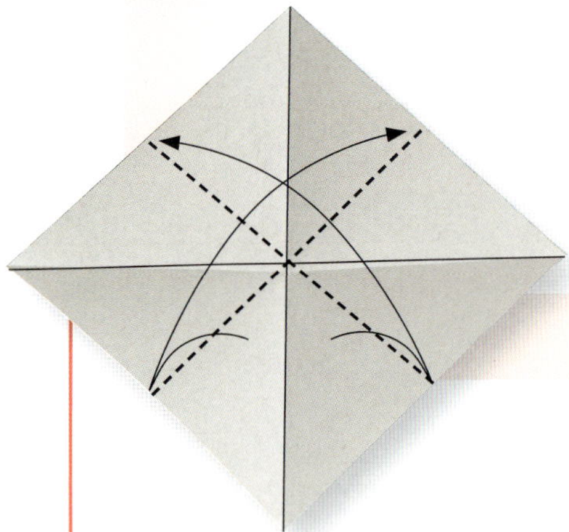

2 Das Blatt zweimal Kante auf Kante talfalten und wieder entfalten.

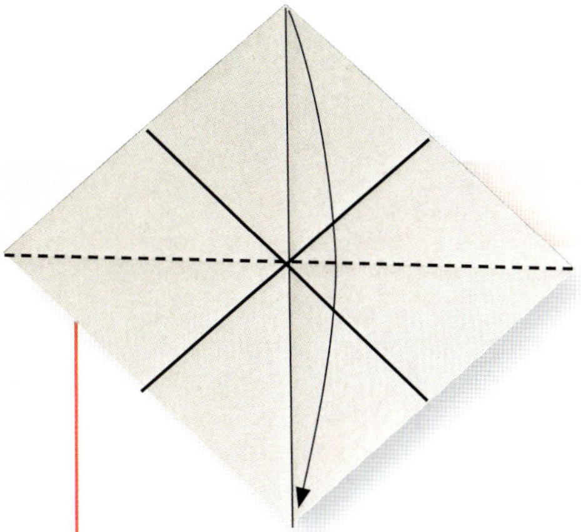

3 Die obere Spitze auf die untere talfalten.

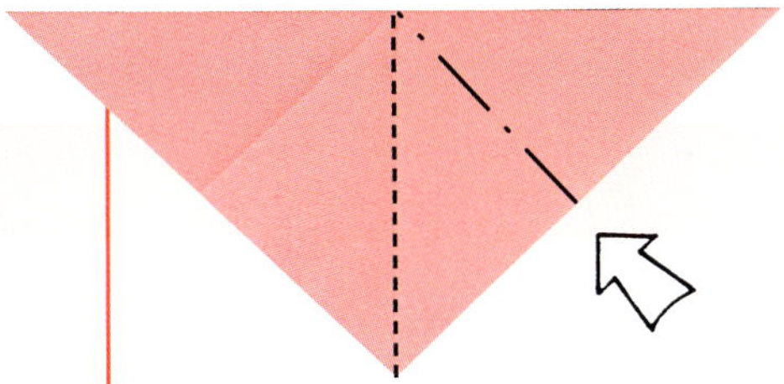

4 Das rechte Dreieck öffnen und senkrecht stellen.

5 Die obere Ecke auf die untere legen, so dass ein Quadrat entsteht, und die Kanten gut nachstreichen.

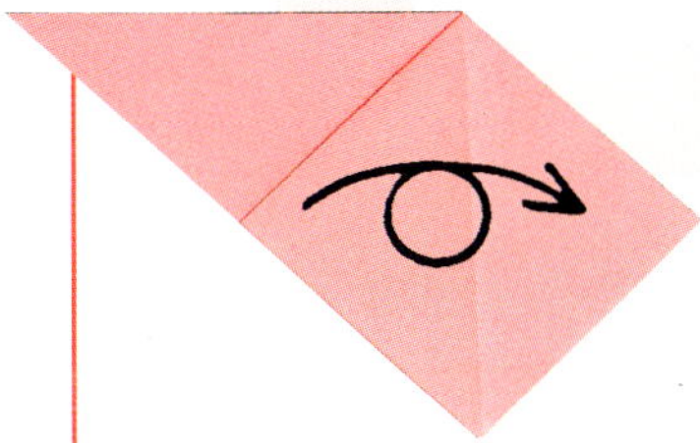

6 Das Papier wenden.

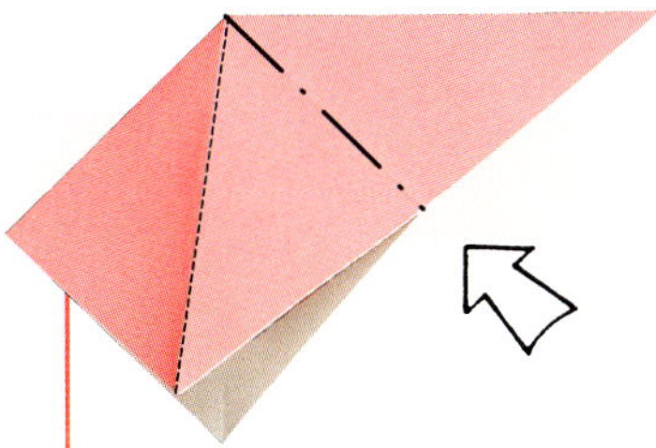

7 Das rechte Dreieck öffnen und aufstellen.

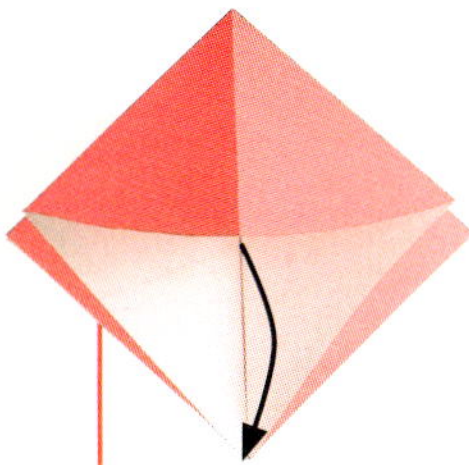

8 Die obere Ecke auf die untere legen und so wieder zum Quadrat falten. Die Grundform 5 ist fertig.

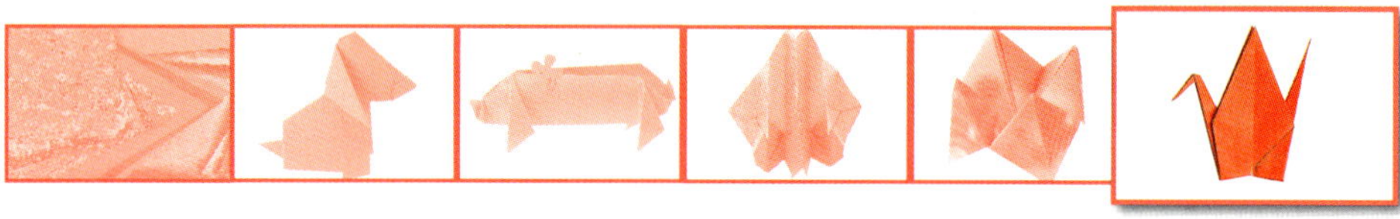

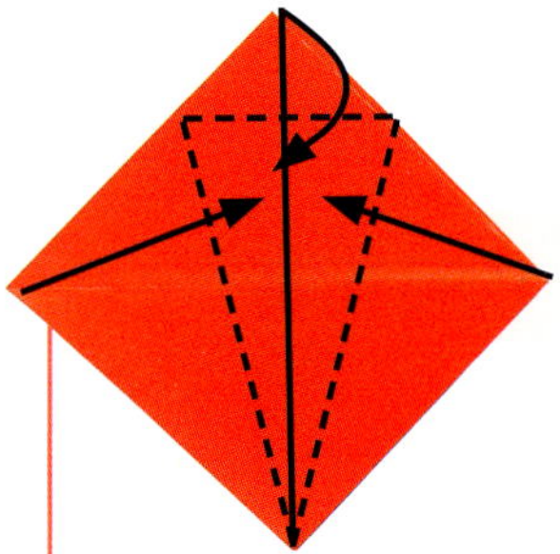

9 Die fertige Grundform mit der offenen Spitze nach unten legen. Die Ecken der vorderen Lagen rechts und links zur Mitte und dann die obere Spitze nach unten falten.

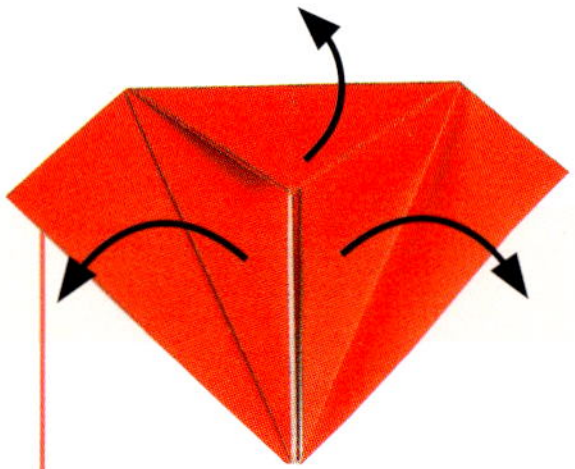

10 Wieder entfalten.

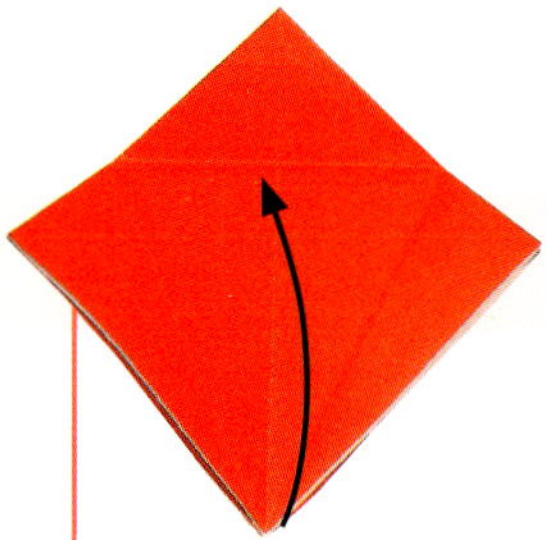

11 Die vordere Lage nach oben öffnen ...

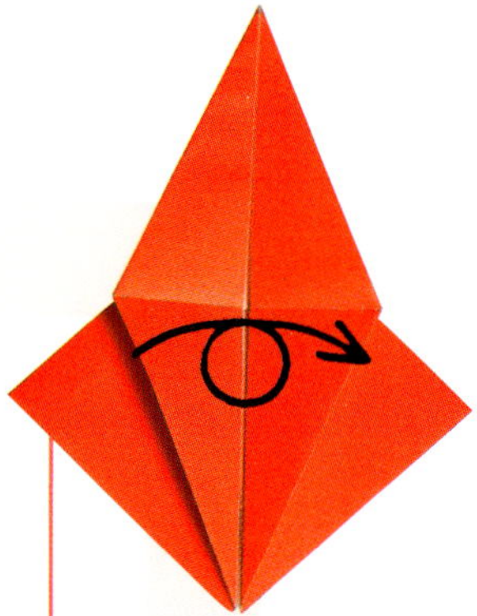

12 ... und zum Rhombus falten (siehe Seite 9). Das Papier wenden und die Schritte 9 bis 12 wiederholen.

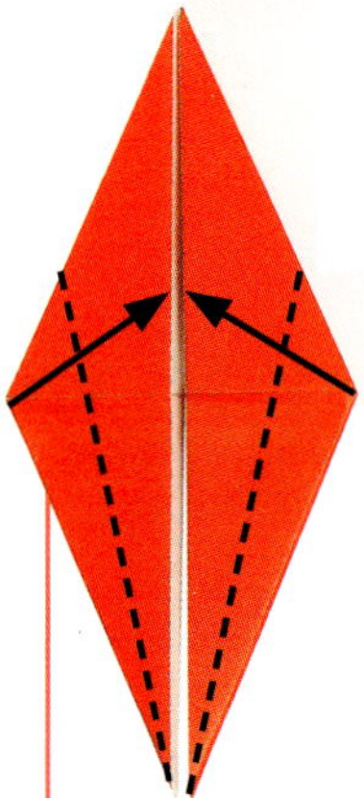

13 Die vorderen beiden Kanten zur Mitte talfalten.

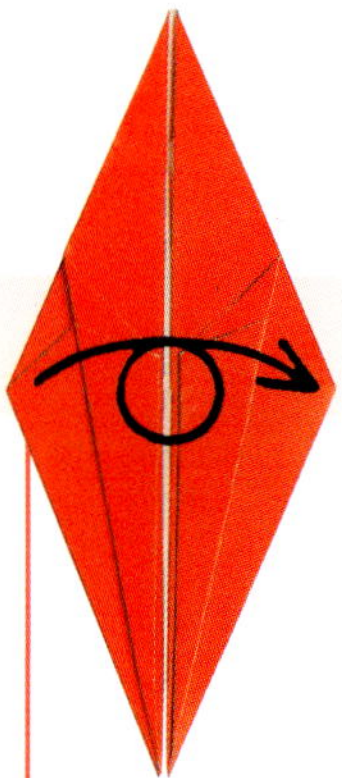

14 Das Papier wenden und Schritt 13 wiederholen.

15 Die vordere Lage nach links falten.

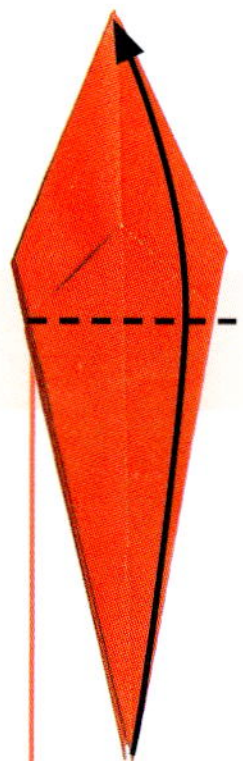

16 Die vordere untere Spitze auf die obere legen.

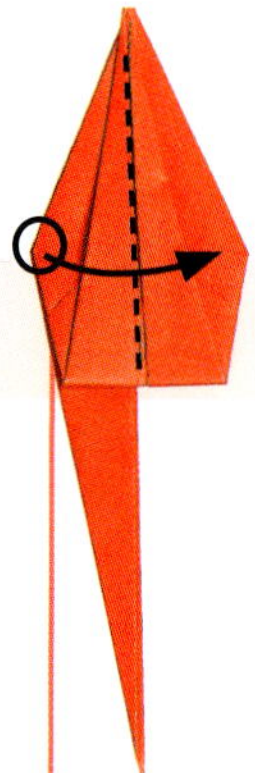

17 Die markierte Ecke der oberen Papierlage auf die rechte legen.

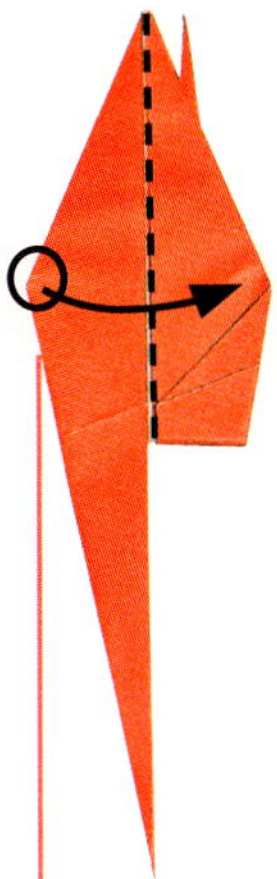

18 Die vordere linke Lage nach rechts klappen.

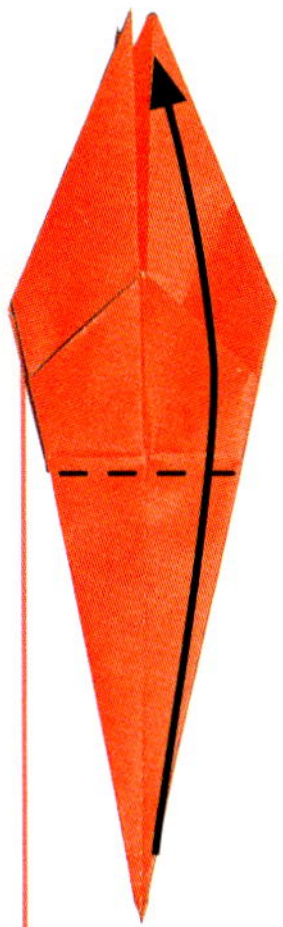

19 Die Spitze unten nach oben falten.

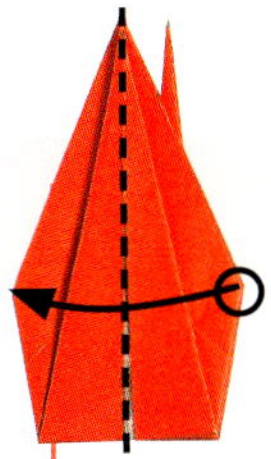

20 Die markierte Ecke nach links falten.

21 An den markierten Stellen festhalten und die Spitzen leicht herausziehen.

22 An der linken Spitze eine Nakawarifaltung (siehe Seite 8) machen.

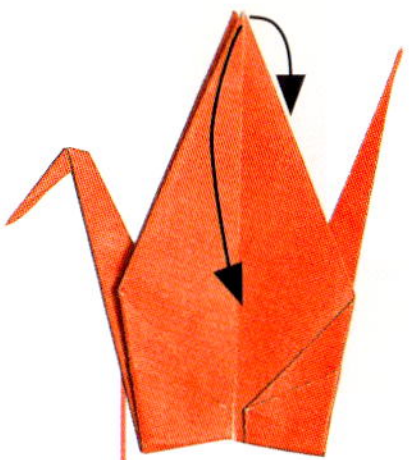

23 Das Federkleid in Pfeilrichtung öffnen ...

24 ... und in das Loch Luft pusten, bis der Körper Volumen hat.

weitere Ideen zu **Grundform 5**

Bonus auf DVD

Seite 62

Seite 61

Seite 46

ORIGAMI-IDEEN

Nun haben Sie die Grundfaltungen des Origami erlernt und können Ihre Faltkenntnisse weiter ausbauen. Auf den folgenden Seiten finden Sie inspirierende Beispiele für Origamitiere und -figuren sowie praktisches Origami.

Mag manches auch erst einmal komplex wirken, letzten Endes beruhen alle Faltungen auf den im Grundkurs erlernten Techniken: Berg- und Talfalte oder Nakawari-, Kabuse- und Uchigawafaltung.
Besonders leicht nachzuarbeiten sind die einzelnen Origami-Objekte durch die Schritt-für-Schritt-Fotoanleitungen mit kurzen Anleitungstexten und Faltzeichen.
Anhand der Schwierigkeitsgrade können Sie Ihre Projekte auswählen; sind Sie noch nicht so geübt, beginnen Sie erst einmal mit kleinen, einfachen Stücken, bevor Sie sich an komplexe Figuren mit vielen Faltschritten wagen.

Die Ideen reichen von schnell gemacht aus einem Blatt bis hin zu komplex aus mehreren Faltblättern zusammengesetzt. Dabei sind Pinguine, Bären, Tauben, Schildkröten und andere originell gefaltete Tiere ebenso wie praktische Schachteln und dekorative Vogelvasen oder Stäbchenhalter.
Einige der Faltungen – das Rentier, der Weihnachtsmann und die viereckige Schachtel sowie als Extra eine hübsche Iris –, finden Sie auch auf der DVD.
Alle Figuren werden aus quadratischen Faltblättern angefertigt und können durch das Verwenden eines andersfarbigen oder anders gemusterten Papiers leicht abgewandelt werden.

Zum Falten benötigen Sie jeweils – so nicht anders angegeben – ein quadratisches Blatt Papier.

Die einzelnen Origami-Ideen sind in folgende Schwierigkeitsgrade unterteilt:

einfach

etwas schwieriger

anspruchsvoll

Die mit diesem Symbol gekennzeichneten Faltungen finden Sie auch noch einmal auf der DVD.

FIGUREN – SCHÖN DEKORATIV

BÄR

Kopf

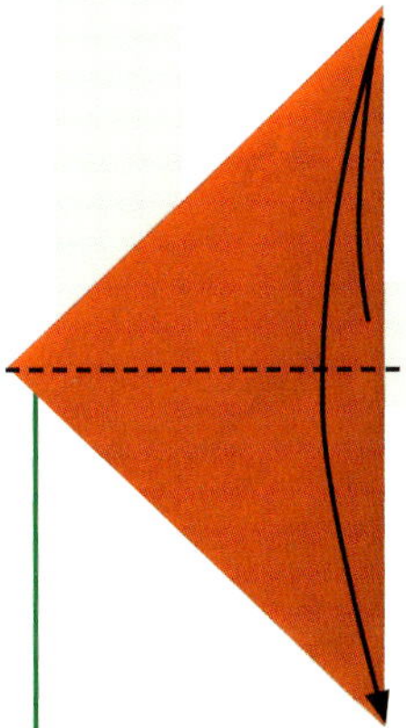

1 Grundform 1 falten. Die obere Spitze auf die untere talfalten und wieder entfalten.

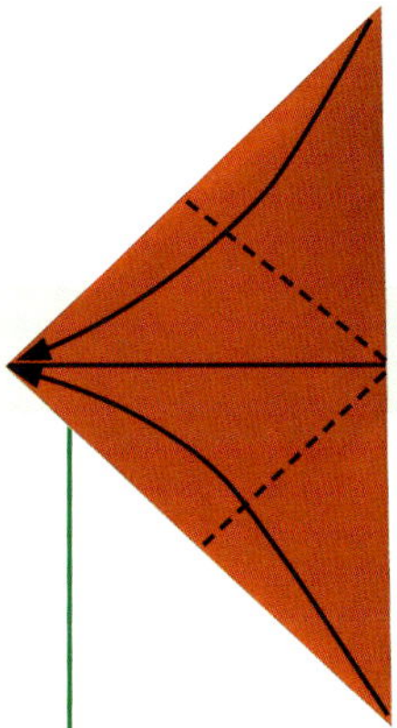

2 Die obere und untere Spitze zur linken talfalten.

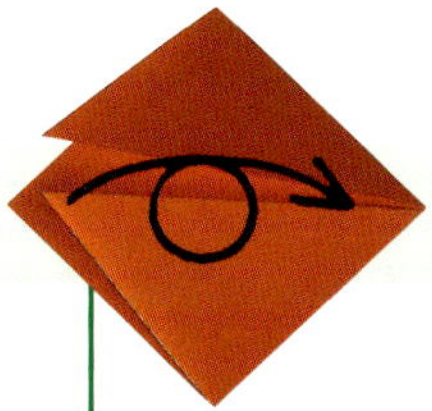

3 Das Papier wenden.

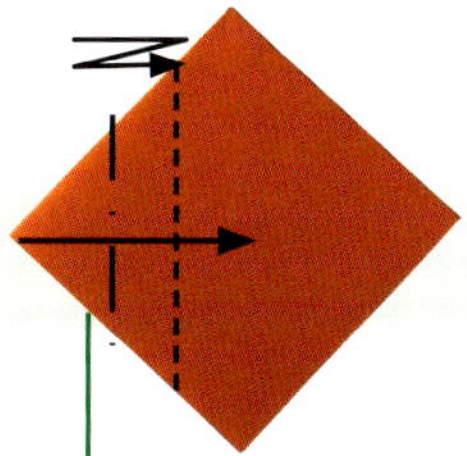

4 Die offenen Spitzen liegen rechts. Auf der linken Seite eine Danfalte machen (siehe Seite 8).

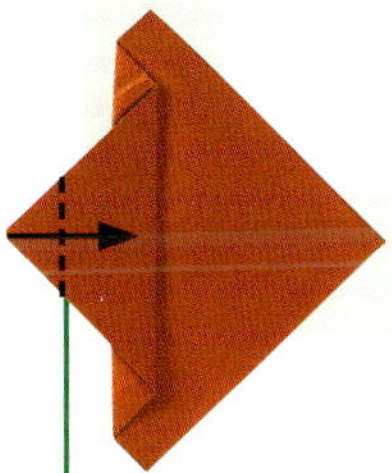

5 Die Spitze nach rechts talfalten.

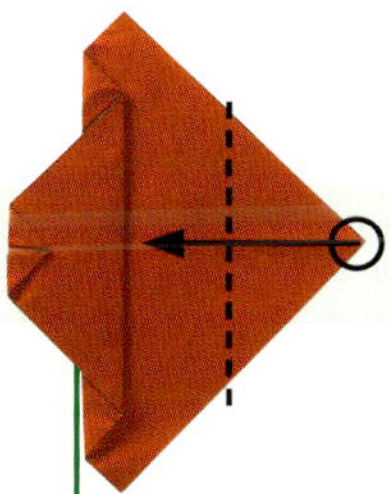

6 Die obere Lage der rechten Spitze zur Kante falten.

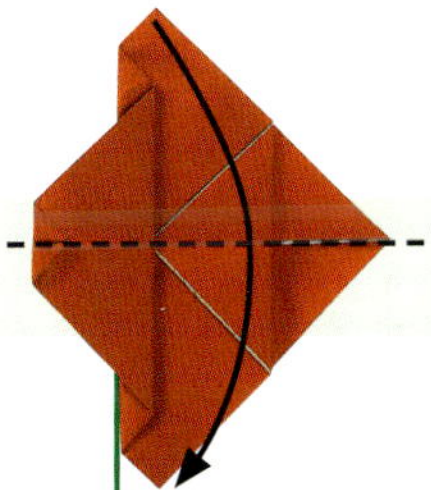

8 Die Form in der Mitte zusammenfalten.

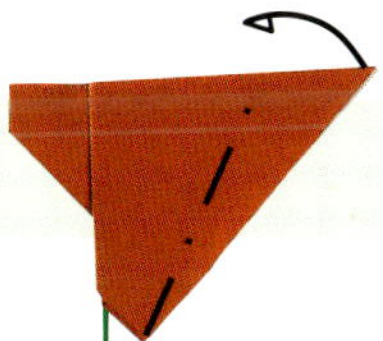

9 Die obere Papierlage nach hinten bergfalten. Auf der anderen Seite wiederholen.

Vorderes Körperteil

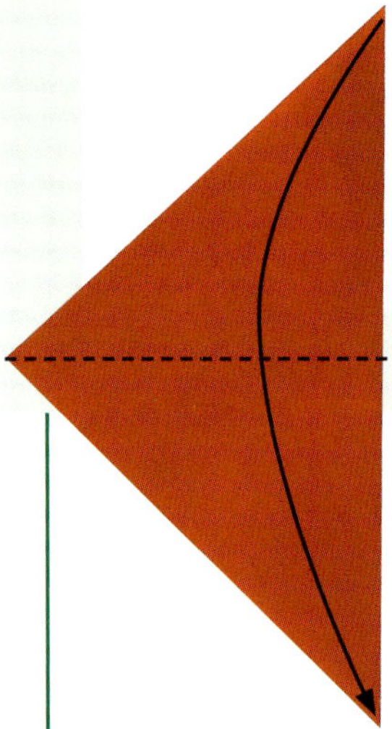

1 Grundform 1 falten. Die obere Spitze auf die untere talfalten.

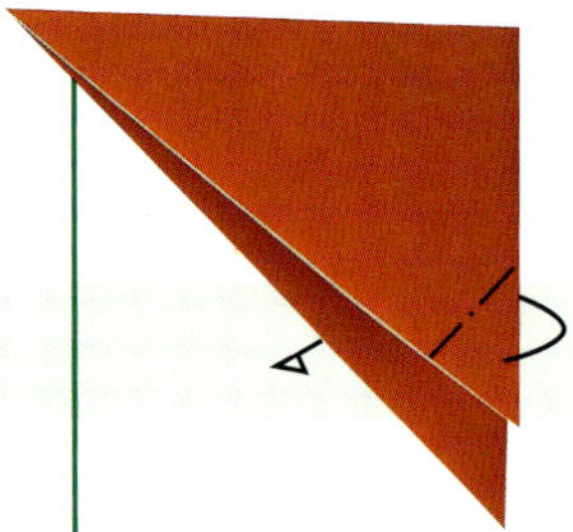

2 Die vordere untere Spitze nach hinten bergfalten. Auf der Rückseite wiederholen.

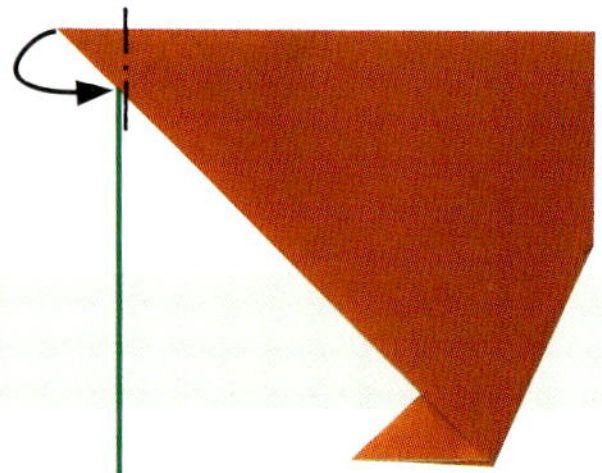

3 An der linken Spitze eine Uchigawafaltung (siehe Seite 8) machen.

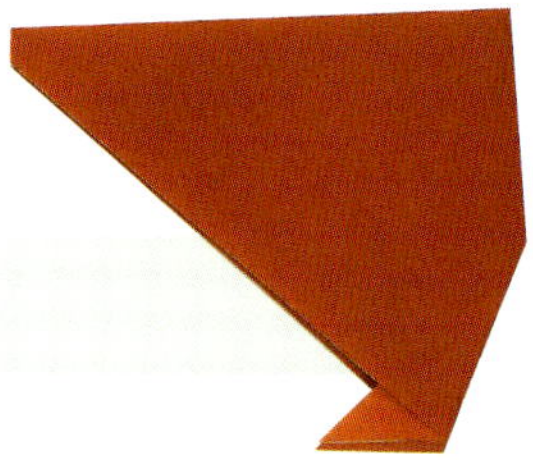

Hinteres Körperteil

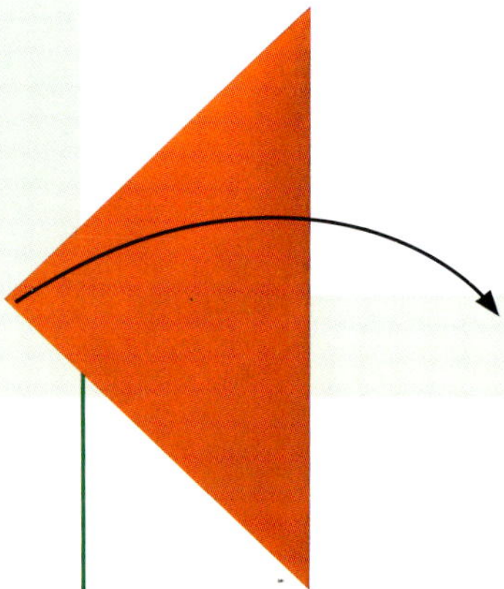

1 Grundform 1 falten und entfalten.

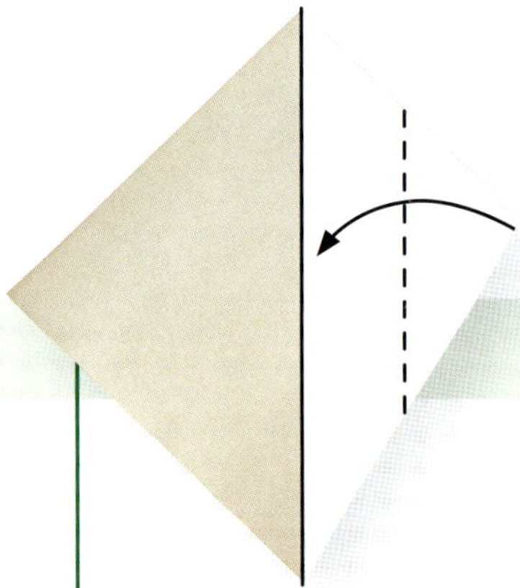

2 Die rechte Ecke zur Mitte talfalten.

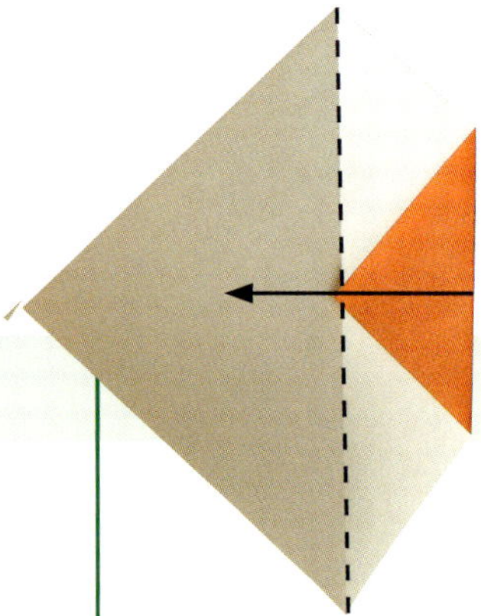

3 Die rechte Seite an der Mittelkante nach links falten.

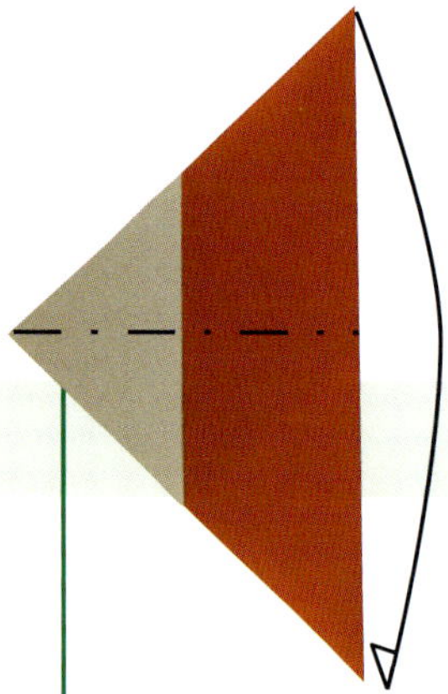

4 Die obere Hälfte nach unten bergfalten.

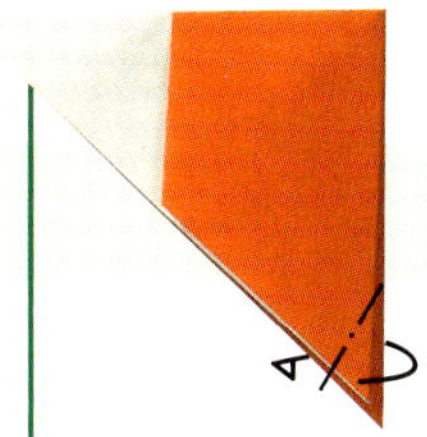

5 Die vordere untere Spitze nach hinten bergfalten. Auf der Rückseite wiederholen.

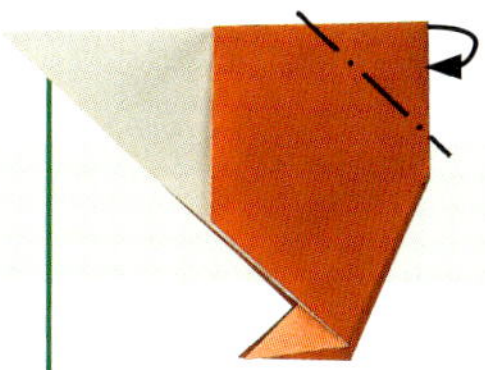

6 Oben rechts eine Uchigawafaltung (siehe Seite 8) machen.

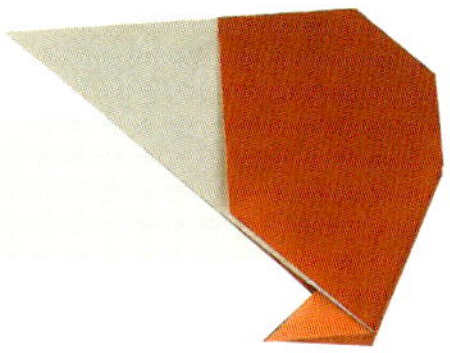

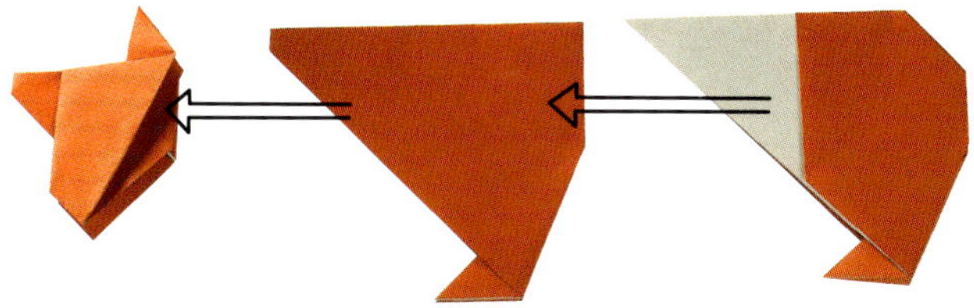

Das Hinter- in das Vorderteil schieben. Das Vorderteil in den Unterkiefer des Bären schieben; ggf. festkleben.

TANNE

Krone

1 Grundform 2 falten und wieder öffnen.

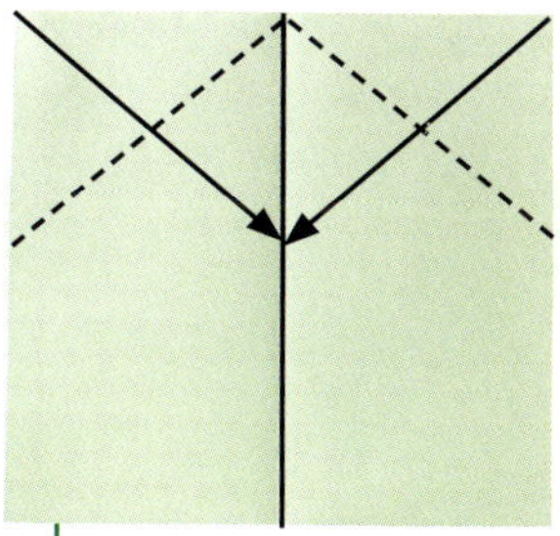

2 Die oberen Ecken zur Mittellinie legen.

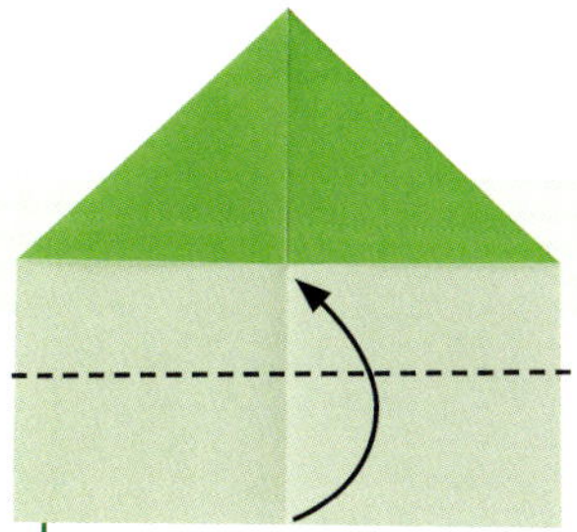

3 Die Unterkante nach oben bis zum Dreieck falten.

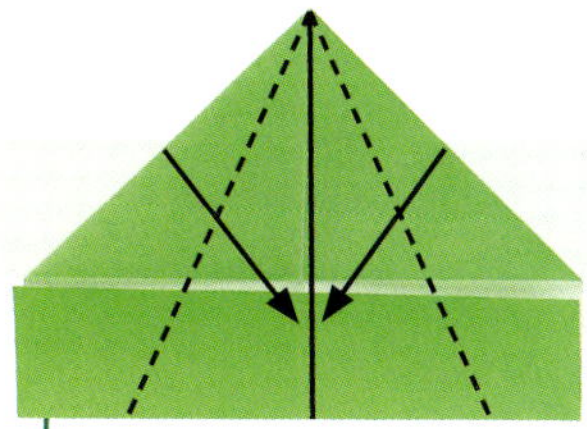

4 Die linke und rechte Kante zur Mittellinie talfalten.

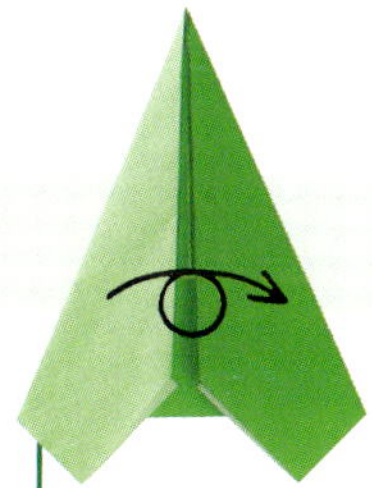

5 Das Papier wenden. Eine zweite und nach Belieben dritte Krone falten.

Stamm

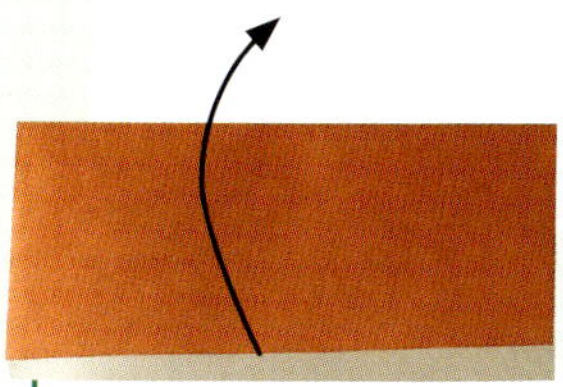

6 Grundform 2 falten und entfalten.

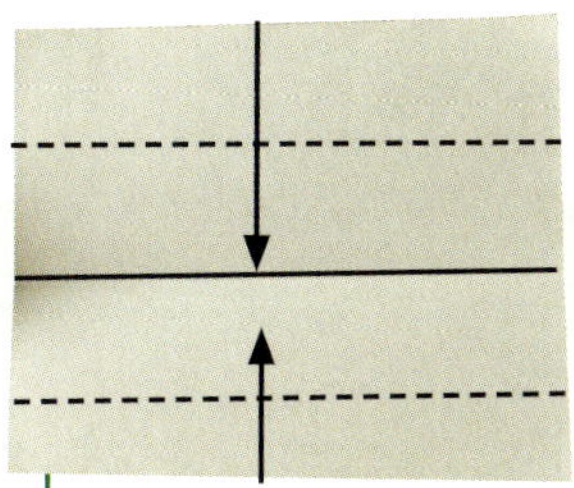

7 Ober- und Unterkante zur Mitte talfalten.

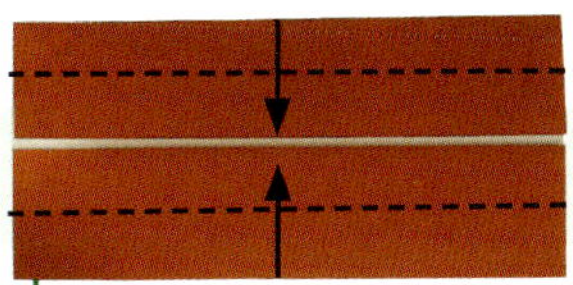

8 Ober- und Unterkante noch einmal zur Mitte falten.

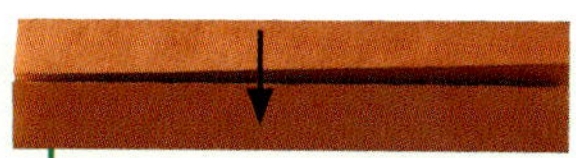

9 Das obere auf das untere Rechteck legen und den Stamm um 90 Grad drehen und wenden.

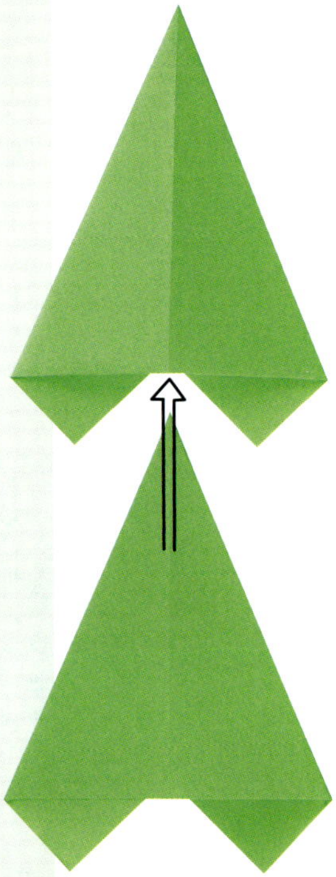

Zwei (oder drei) Kronen ineinander stecken und den Stamm einschieben.

WAL

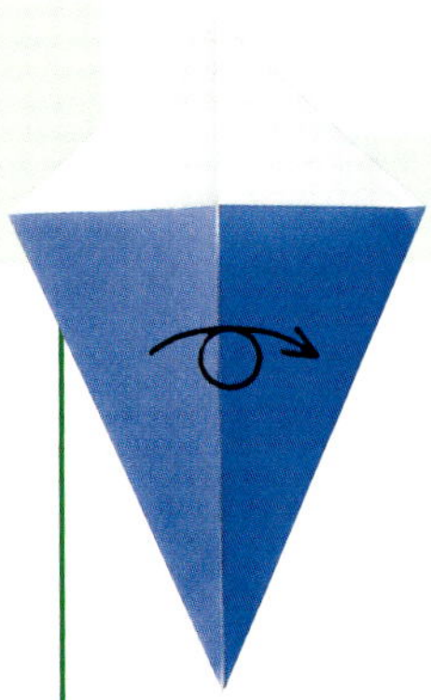

1 Grundform 3 falten und wenden.

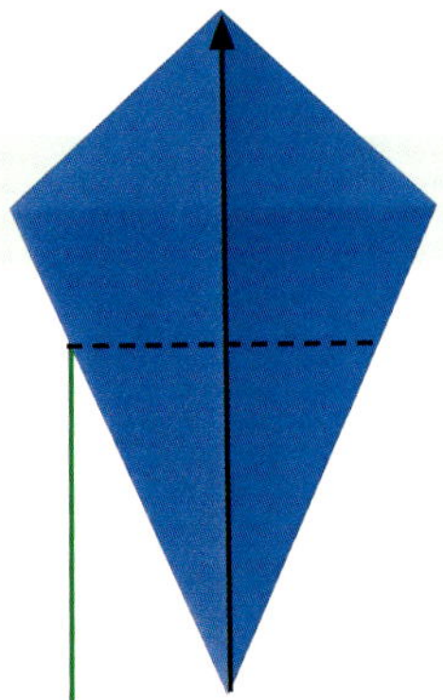

2 Die untere Spitze auf die obere talfalten.

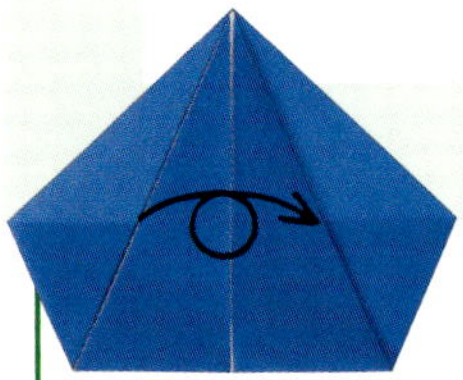

3 Das Papier wenden.

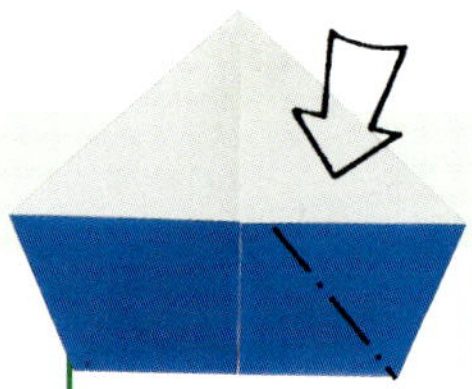

4 Die rechte Tasche öffnen …

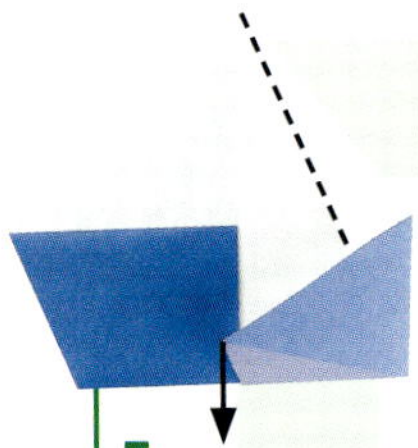

5 … und die Spitze nach unten ziehen, so dass ein Dreieck entsteht. Die Kanten glatt streichen.

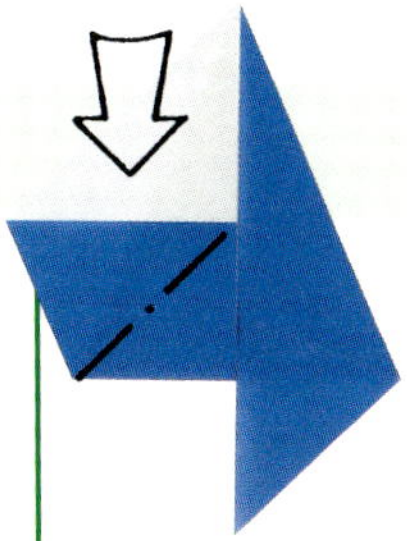

6 Das Gleiche auf der linken Seite wiederholen.

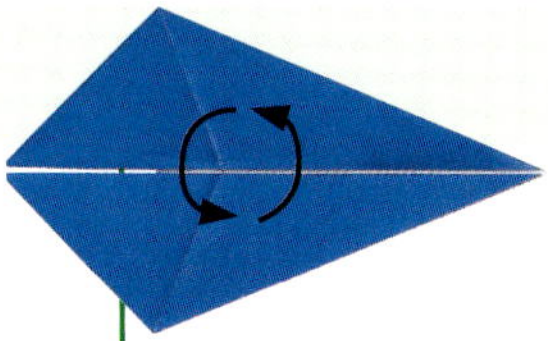

7 Das Papier um 90 Grad nach rechts drehen.

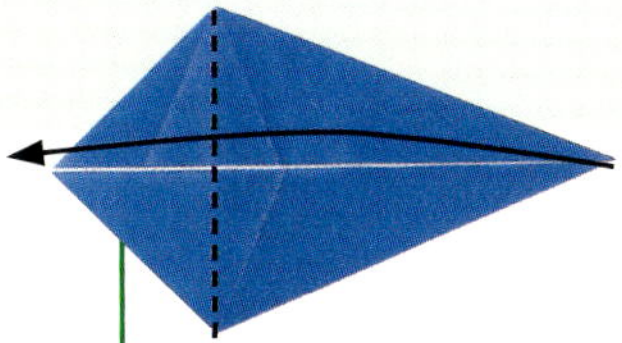

8 Die rechte obere Spitze nach links falten.

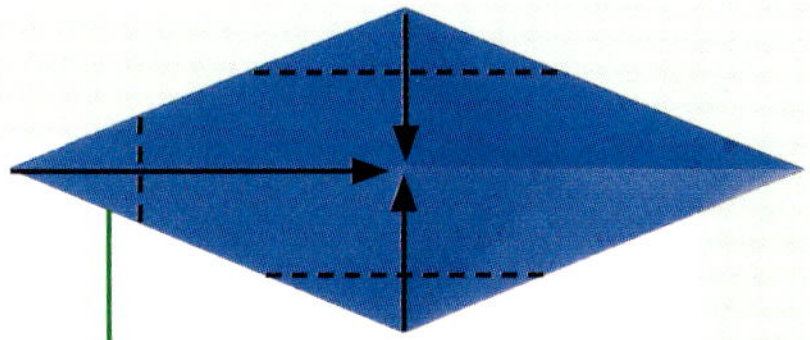

9 Die markierten Spitzen zur Mitte talfalten.

10 Die Form in der Mitte zusammenfalten.

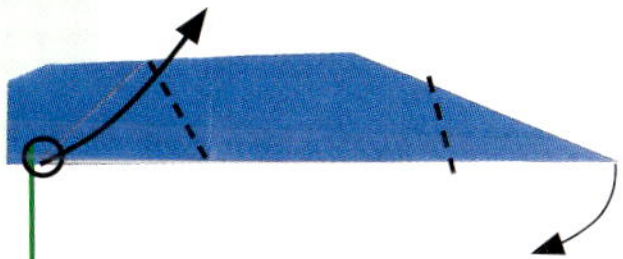

11 An der rechten Spitze eine Kabusefaltung (siehe Seite 8) machen und das Papier für die Schwanzflosse in der Mitte einschneiden. Die linke obere Ecke nach innen falten. Auf der anderen Seite wiederholen. Anschließend das Dreieck an der gestrichelten Linie nach rechts falten. Auf der Rückseite wiederholen. Zuletzt das Tier um 180 Grad drehen.

SCHIFF

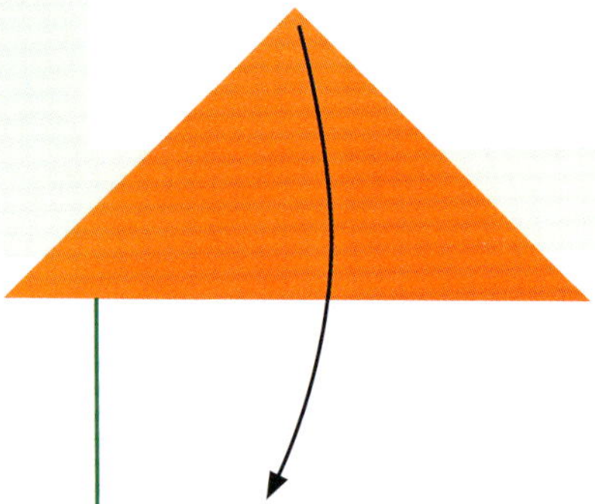

1 Grundform 1 falten und entfalten.

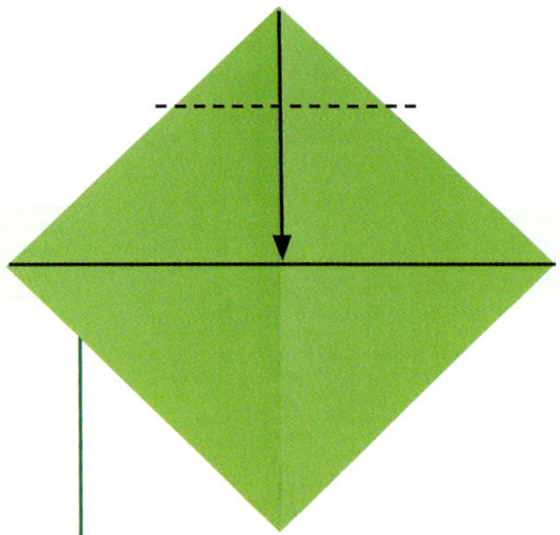

2 Die obere Spitze zur Mittellinie falten.

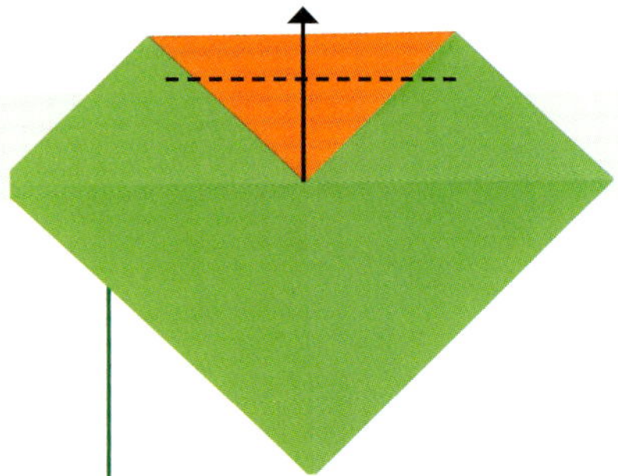

3 Einen Teil der Spitze wieder nach oben talfalten.

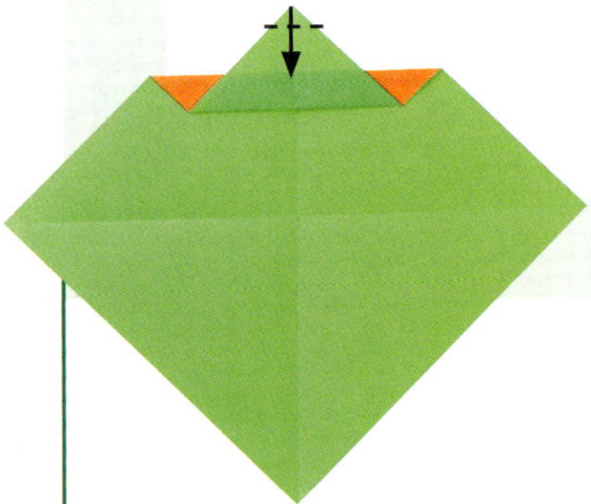

4 Die Spitze an der Talfaltline nach unten knicken.

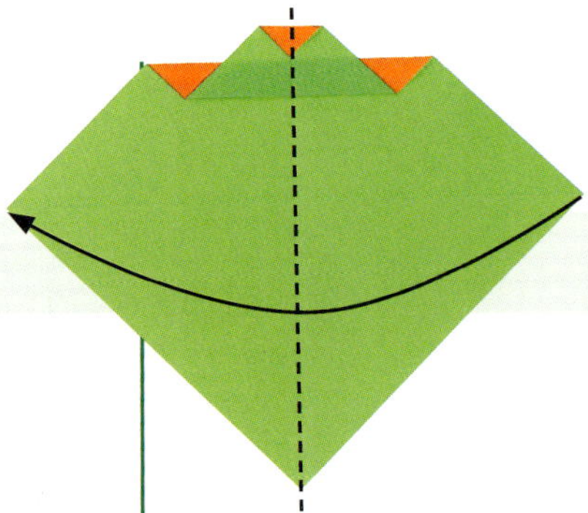

5 Die Form in der Mitte zusammenfalten.

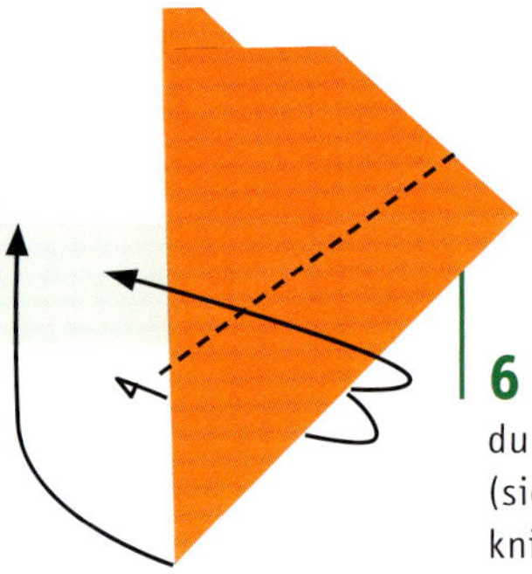

6 Die markierte Kante durch eine Kabusefaltung (siehe Seite 8) nach oben knicken.

PINGUIN

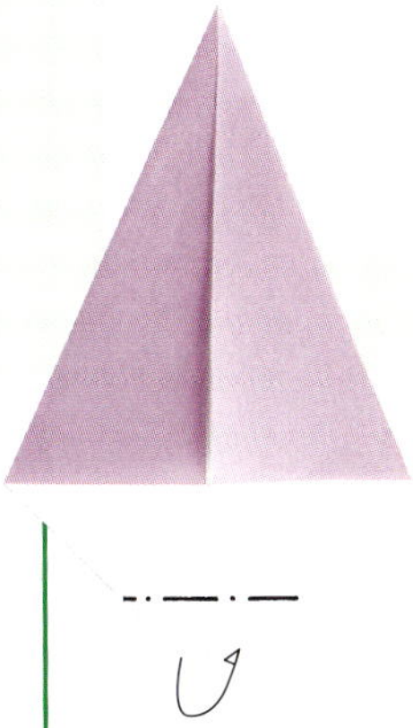

1 Grundform 3 falten und die untere Spitze nach hinten bergfalten.

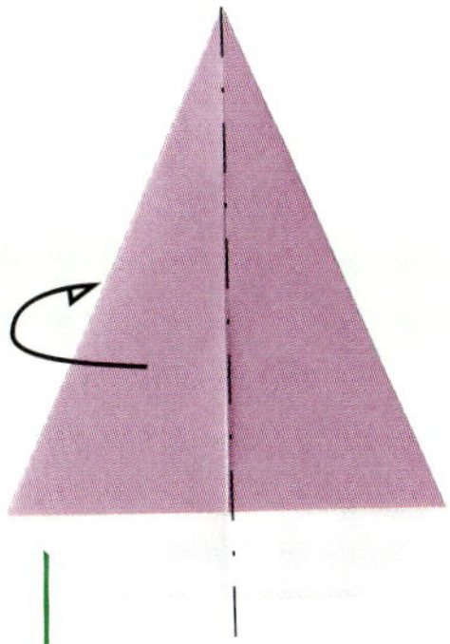

2 Die linke Hälfte nach hinten falten.

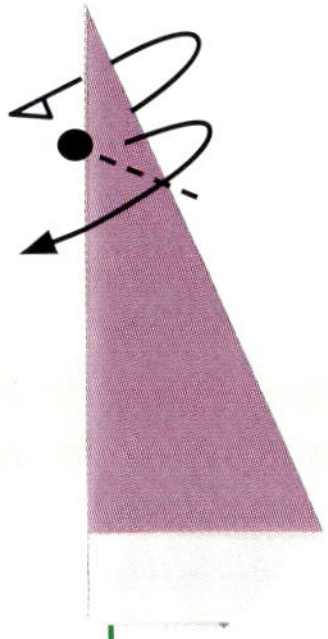

3 Eine Kabusefalte machen. Die markierte Stelle mit dem Daumen locker halten und gleichzeitig die Spitze mit dem Zeigefinger leicht in Pfeilrichtung knicken.

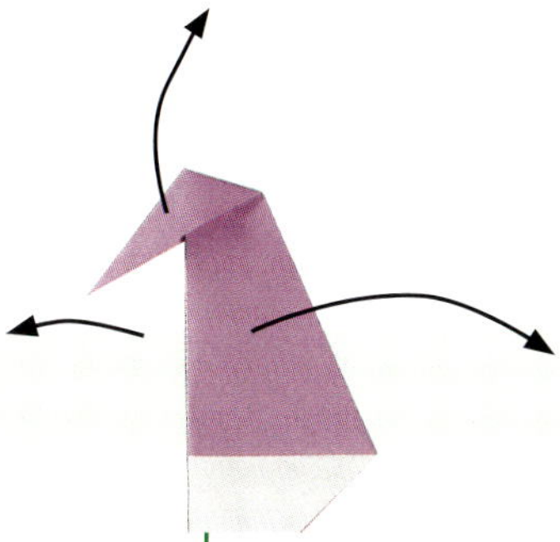

4 Das Papier entfalten.

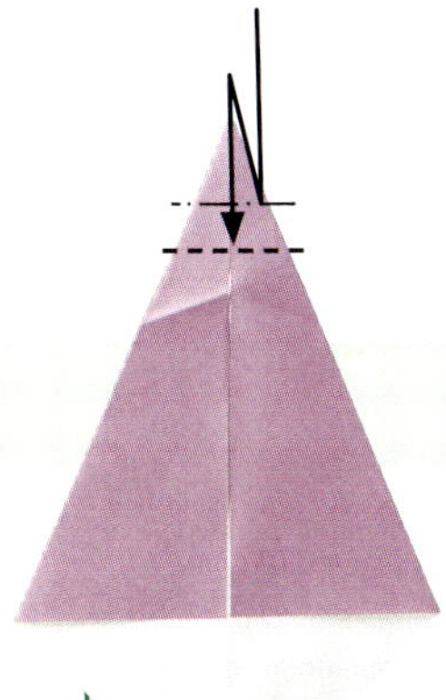

5 An der oberen Spitze eine Danfalte (Seite 8) machen.

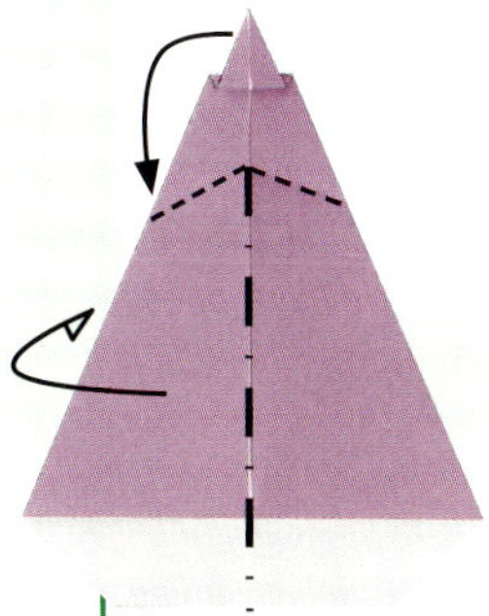

6 Die linke Hälfte des Körpers nach hinten, gleichzeitig den Kopf nach vorne falten.

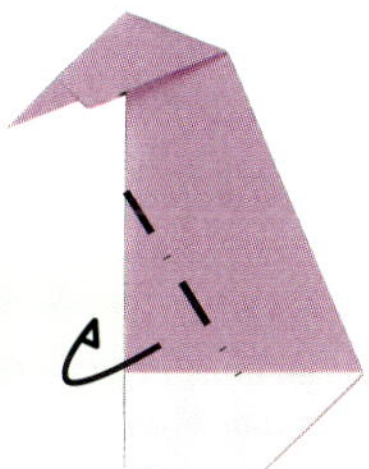

7 Die Ecke der oberen Papierlage nach hinten falten. Auf der anderen Seite wiederholen.

SCHMETTERLING

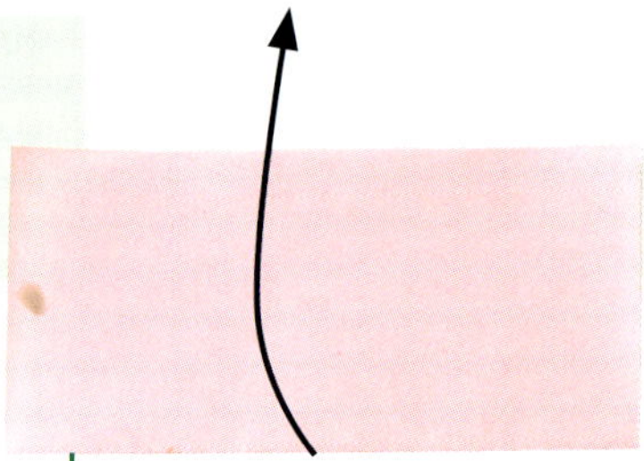

1 Grundform 2 falten und entfalten.

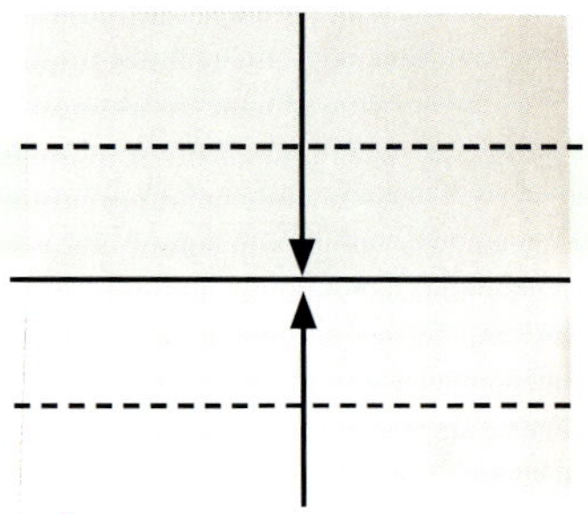

2 Die Ober- und Unterkante zur Mittellinie falten.

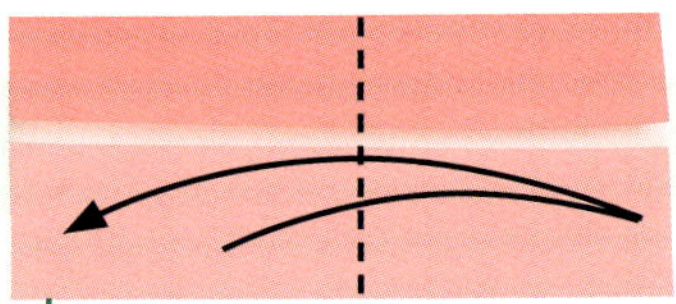

3 Die rechte auf die linke Kante falten und entfalten.

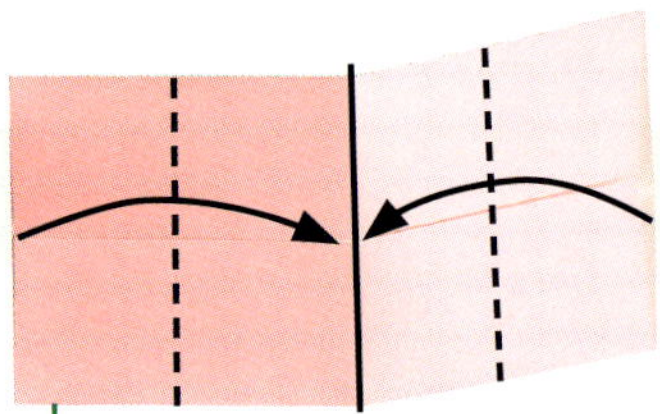

4 Die Außenkanten zur Mitte talfalten.

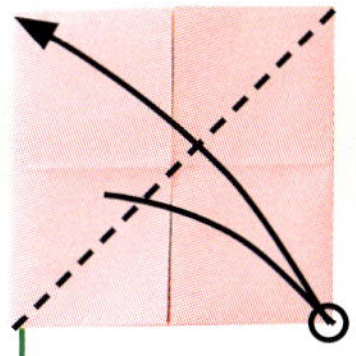

5 Die markierte Ecke auf die gegenüberliegende falten und entfalten.

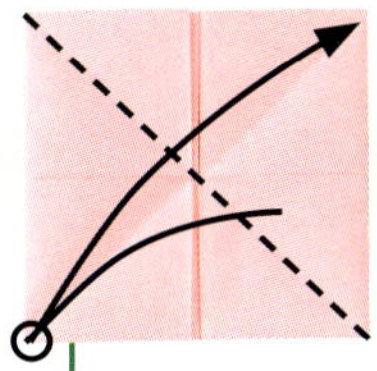

6 Ebenso die linke Ecke falten und entfalten. Das Papier öffnen.

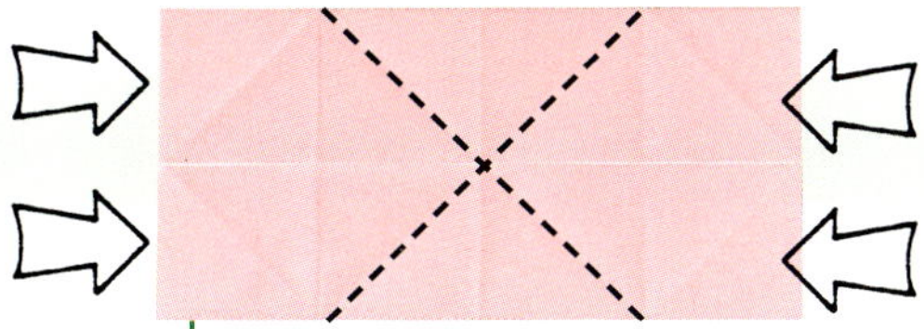

7 An den Kanten etwas öffnen.

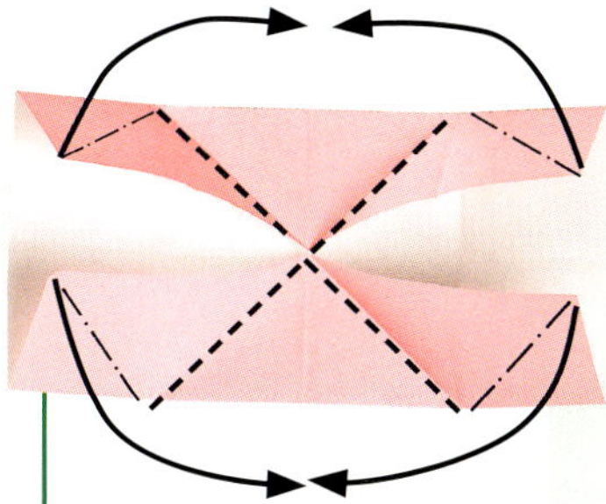

8 Die vier Ecken in Pfeilrichtung bringen und gleichzeitig die rechte und die linke Kante des Papiers zur Mitte falten.

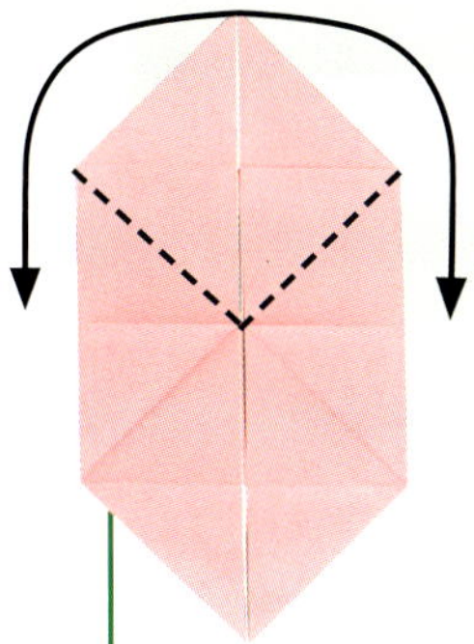

9 Die zwei oberen Spitzen zur Seite talfalten.

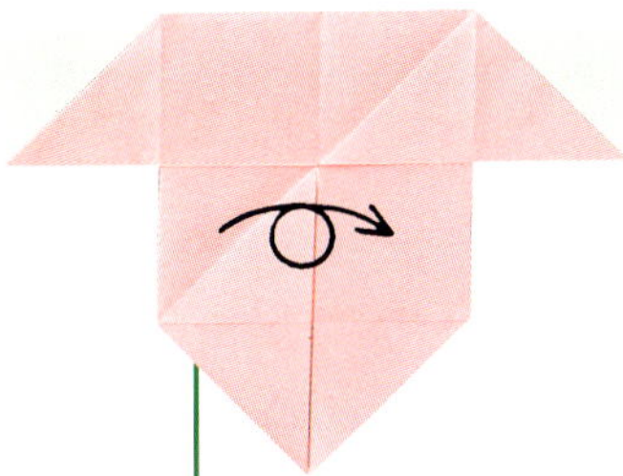

10 Das Papier wenden.

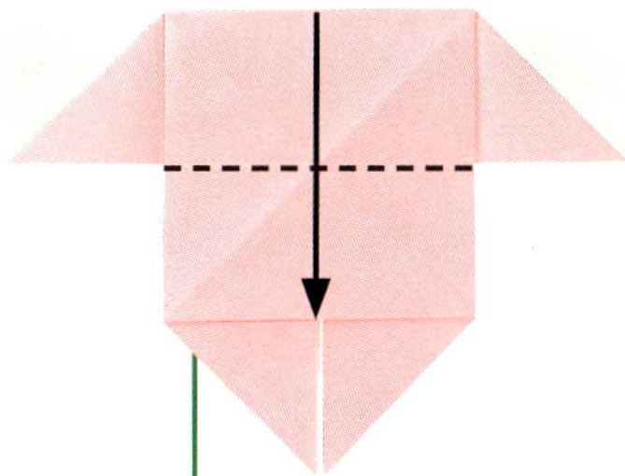

11 Die obere Kante an der Talfaltlinie nach unten falten.

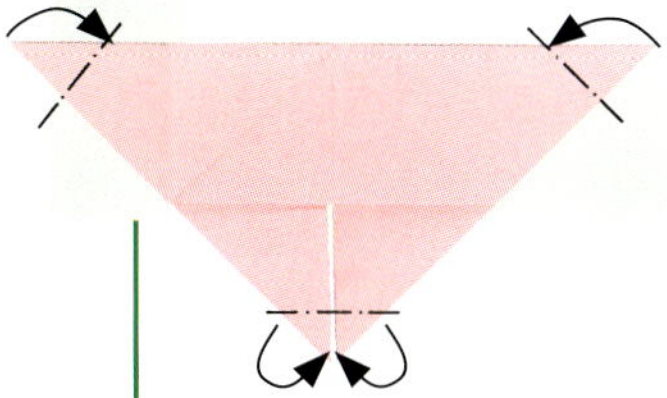

12 Die vier Spitzen nach innen falten (Uchigawafalte, siehe Seite 8).

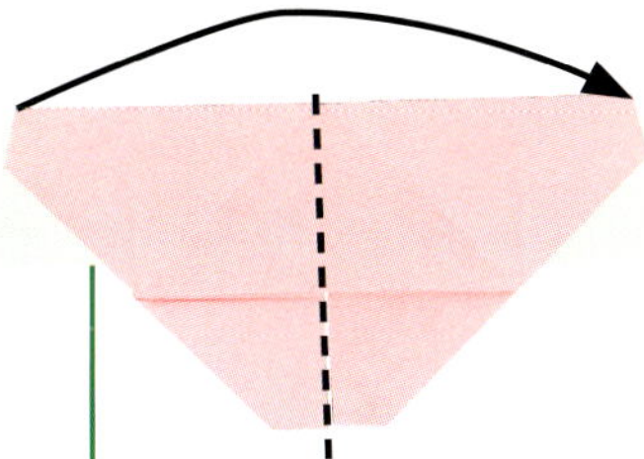

13 Die Form in der Mitte zusammenfalten.

14 Die obere Lage nach links falten. Wenden und die Faltung (nach rechts) wiederholen.

SEEHUND UND BALL

Seehund

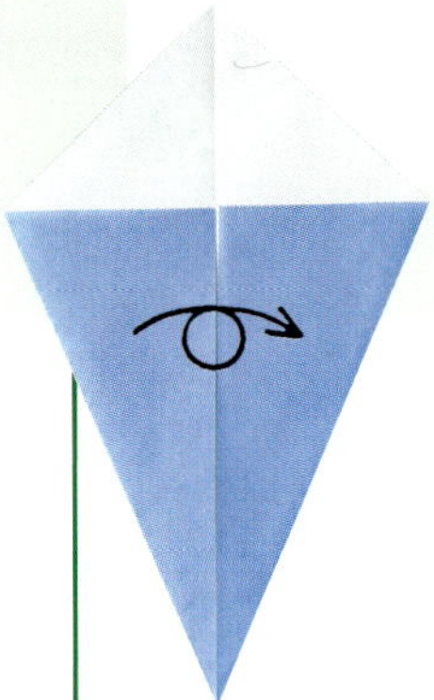

1 Grundform 3 falten und wenden.

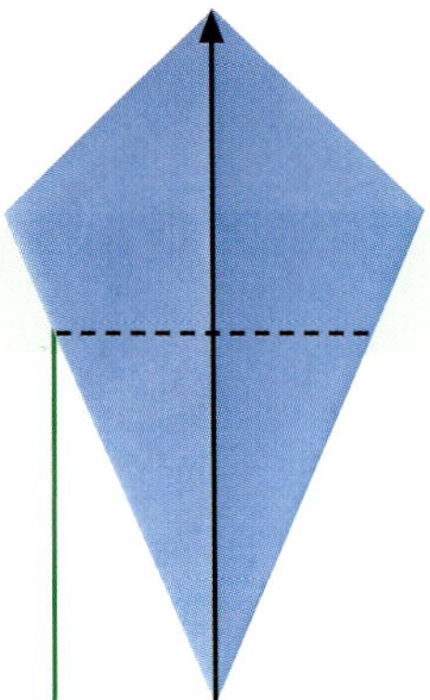

2 Die untere Spitze auf die obere talfalten.

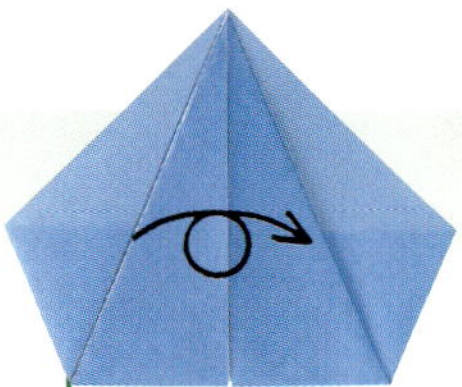

3 Das Papier wenden.

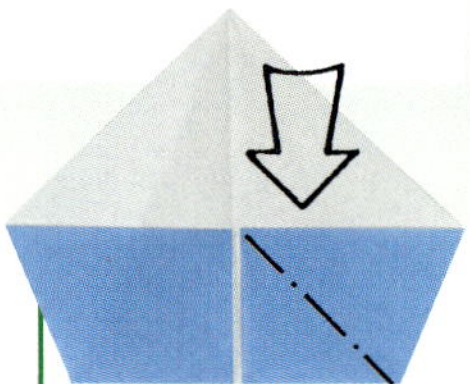

4 Die rechte Tasche öffnen, die Spitze nach unten ziehen und ein Dreieck formen. Die Kanten glatt streichen.

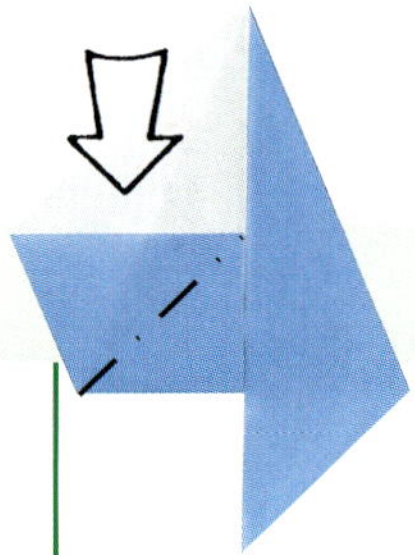

5 Auf der anderen Seite wiederholen.

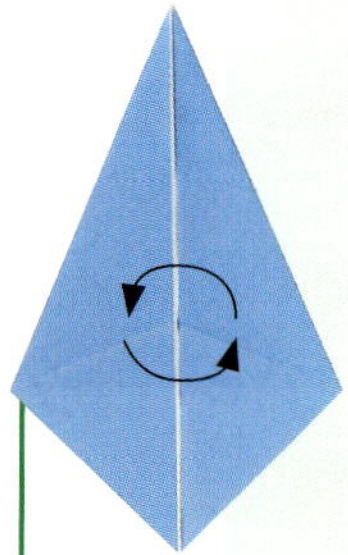

6 Das Papier um 90 Grad nach links drehen.

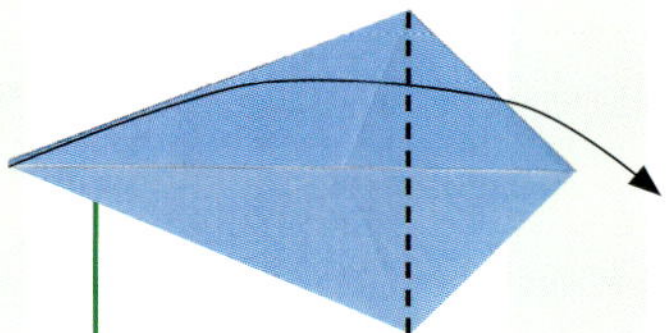

7 Die vordere linke Spitze nach rechts falten.

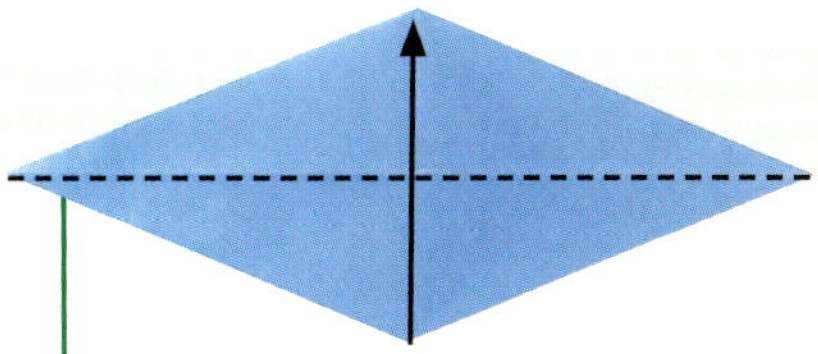

8 Die untere Spitze auf die obere talfalten.

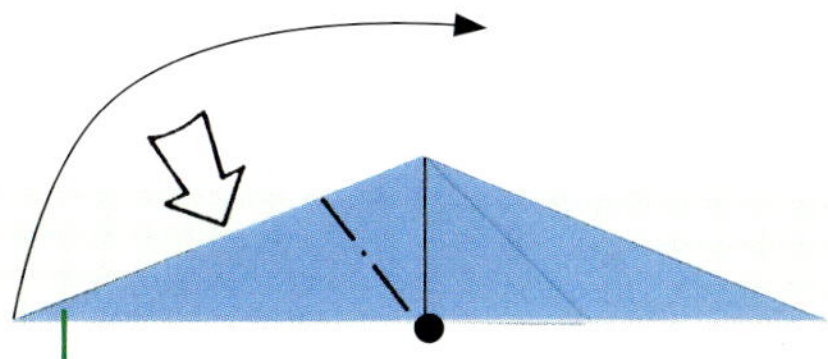

9 An der markierten Stelle festhalten. Das linke Dreieck etwas öffnen, in Pfeilrichtung eine Nakawarifaltung (siehe Seite 8) machen und flach drücken.

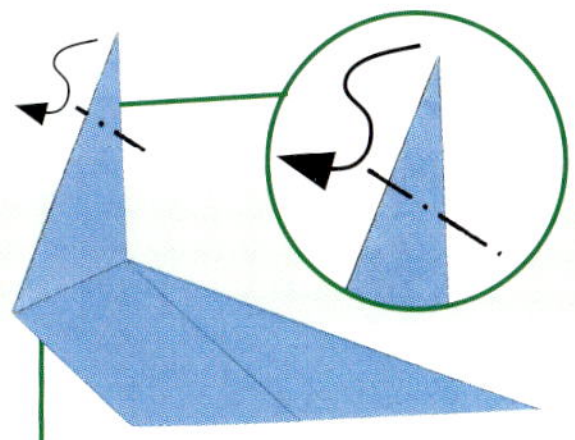

10 An der oberen Spitze eine Nakawarifaltung (siehe Seite 8) machen.

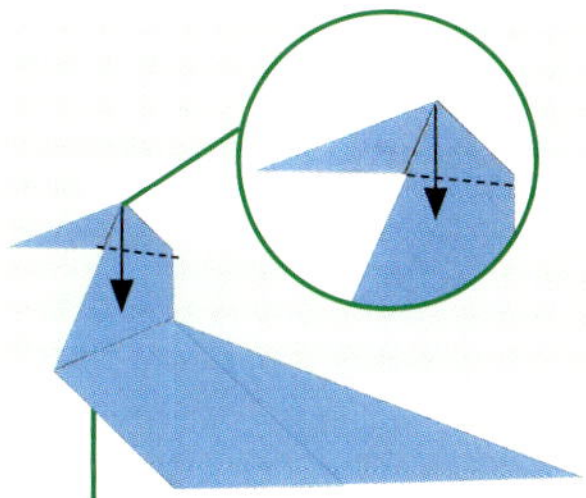

11 Die obere Lage des Dreiecks nach unten falten. Wenden und auf der anderen Seite wiederholen.

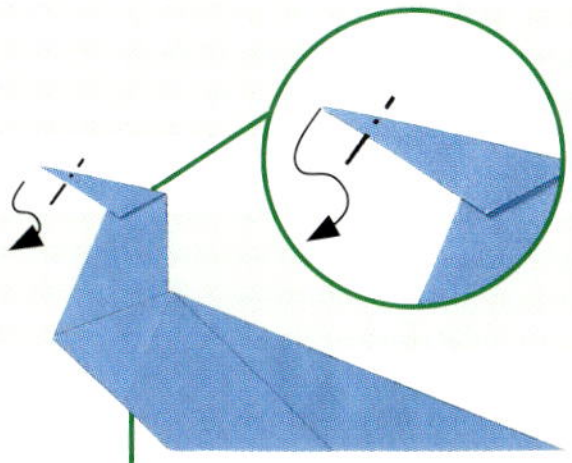

12 An der Spitze eine Nakawarifaltung (siehe Seite 8) machen.

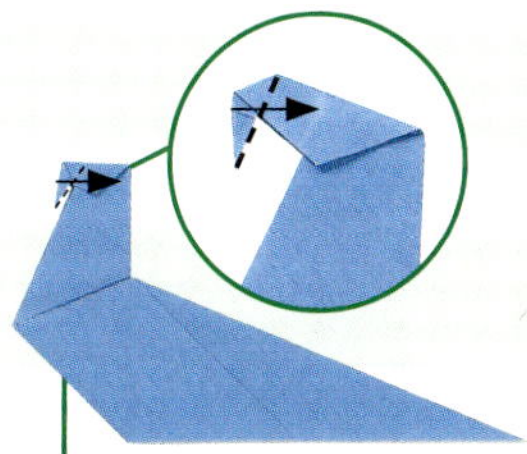

13 Das entstandene Dreieck nach unten rechts falten.

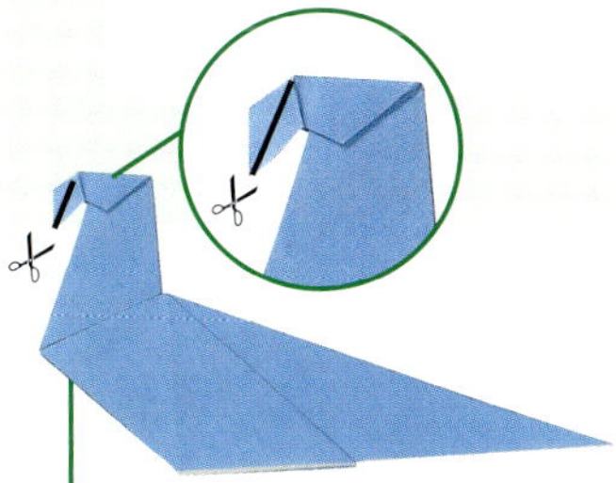

14 An der Markierung mit der Schere einschneiden.

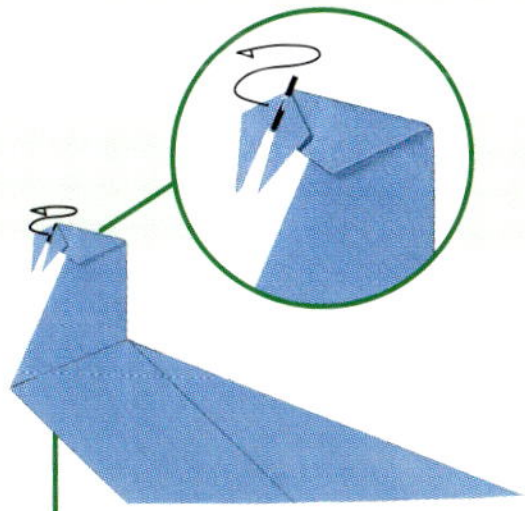

15 Die Hälfte der Barthaare nach hinten falten.

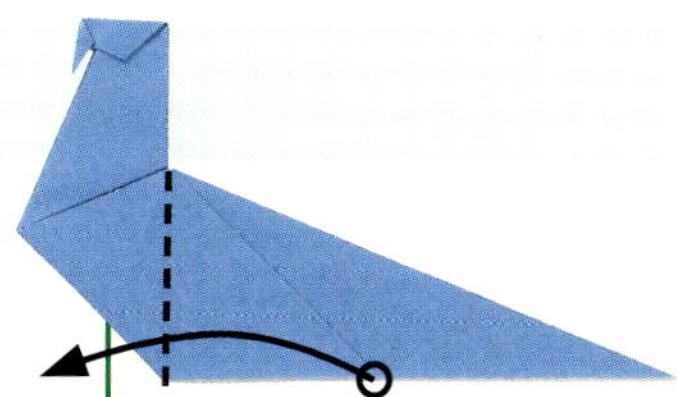

16 Die markierte Spitze an der Talfaltlinie nach links falten. Auf der Rückseite wiederholen.

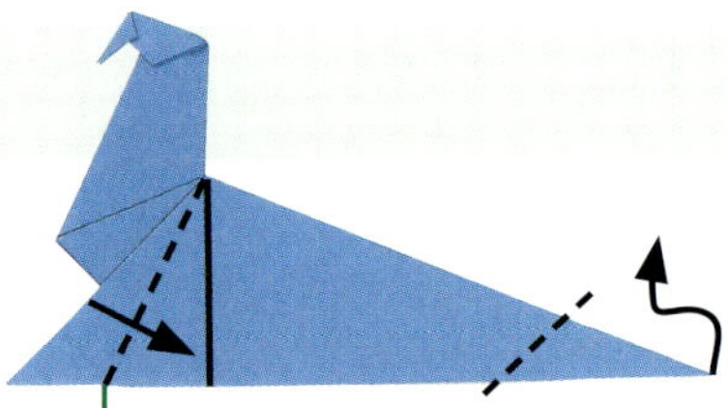

17 Die vordere Kante nach rechts unten talfalten. Auf der Rückseite wiederholen. An der hinteren Spitze eine Nakawarifaltung (siehe Seite 8) machen.

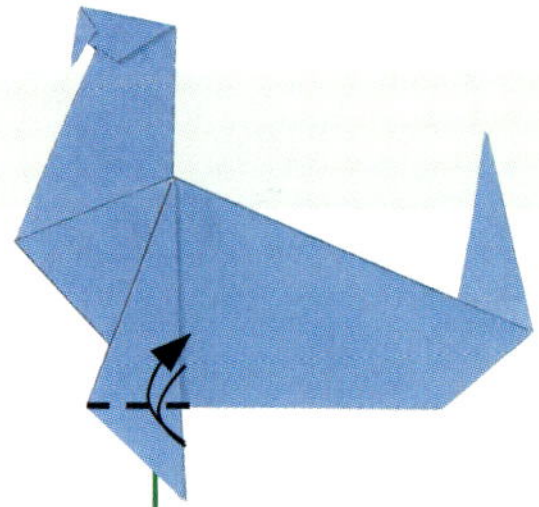

18 Die untere Spitze nach oben falten und wieder entfalten. Auf der Rückseite wiederholen.

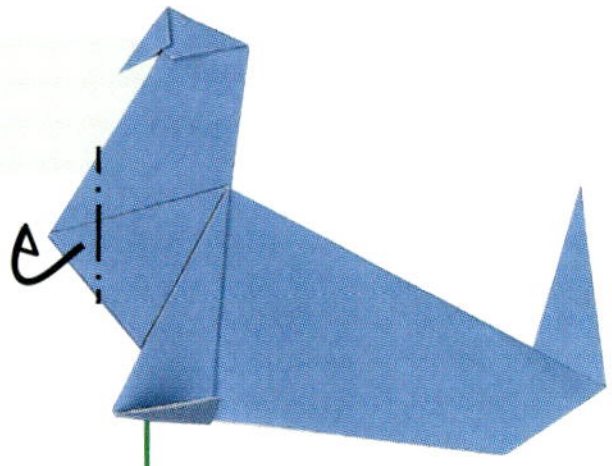

19 Die obere Lage der Spitze nach innen bergfalten. Auf der Rückseite wiederholen.

Ball

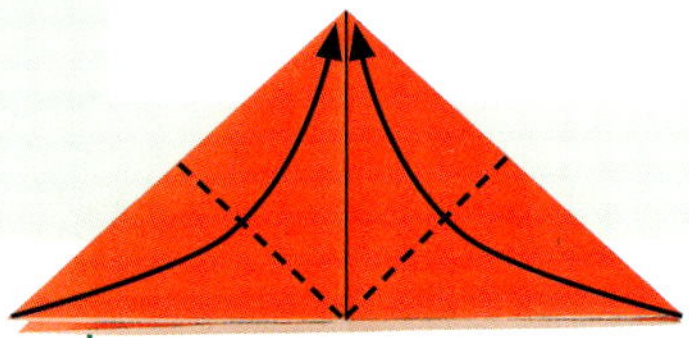

1 Die Faltschritte 1 bis 4 vom Weihnachtsmann, Seite 50, falten. Dann die seitlichen Spitzen nach oben falten.

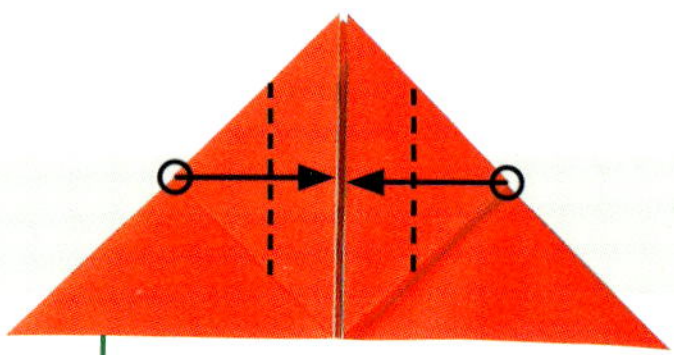

2 Die markierten Ecken zur Mitte talfalten.

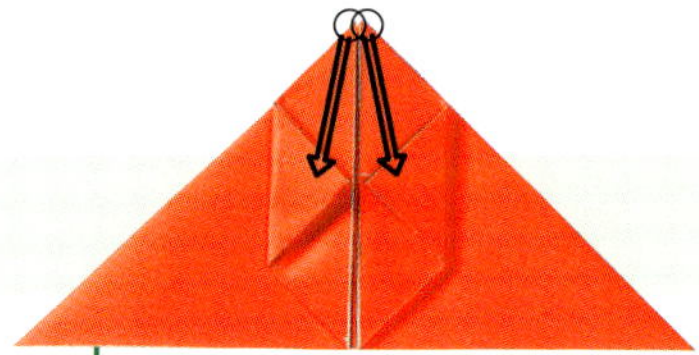

3 Die markierten Ecken in die Dreieckslaschen schieben. Die Kanten glatt streichen.

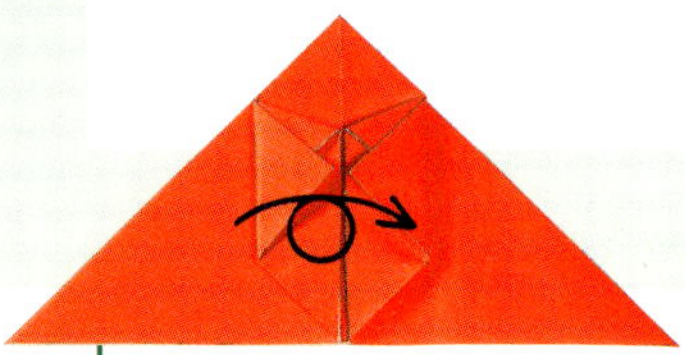

4 Das Papier wenden und die Faltschritte 1 (Spitzen nach oben falten) bis 3 wiederholen.

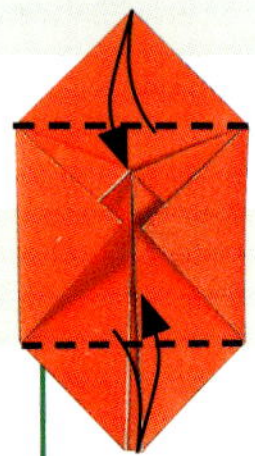

5 Die Spitzen oben und unten zur Mitte falten und wieder entfalten.

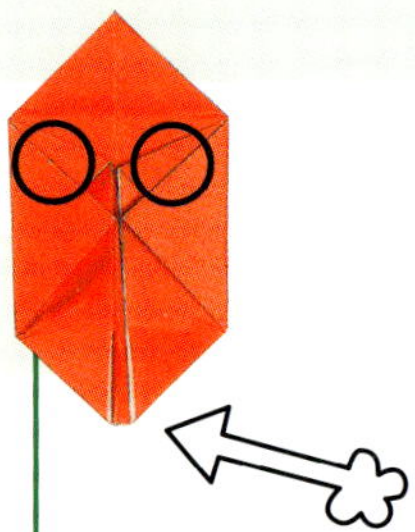

6 Das Papier mit der offenen Spitze nach unten legen, an den markierten Stellen leicht halten und unten Luft einblasen.

VOGELVASE

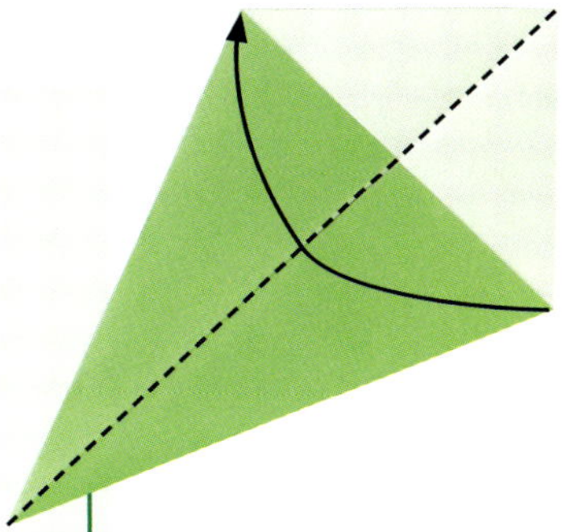

1 Grundform 3 falten. Die Unterkante nach oben talfalten.

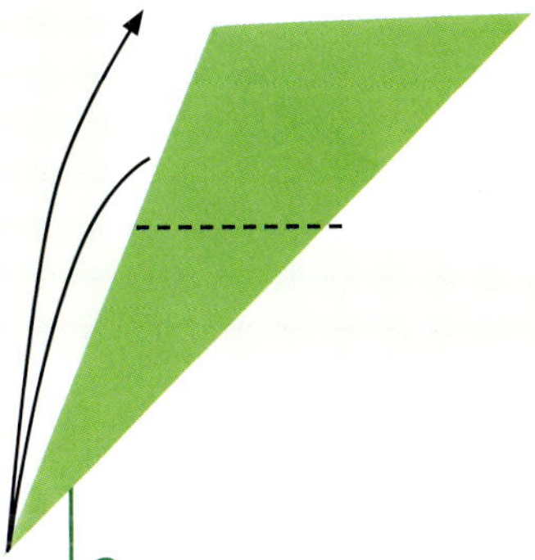

2 Die Spitze nach oben falten und wieder entfalten.

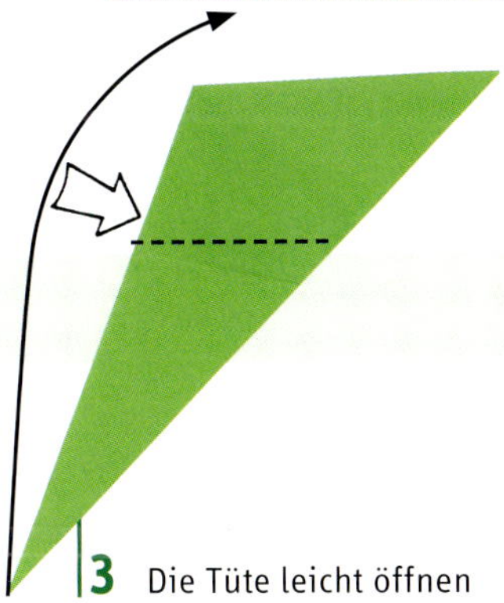

3 Die Tüte leicht öffnen und eine Nakawarifaltung (siehe Seite 8) machen.

4 Die Spitze nach unten falten und eine Nakawarifaltung (siehe Seite 8) machen.

5 Die markierte Ecke nach unten klappen.

6 Quer über die Spitze eine Danfaltung (siehe Seite 8) machen.

7 Die markierte Ecke nach oben falten.

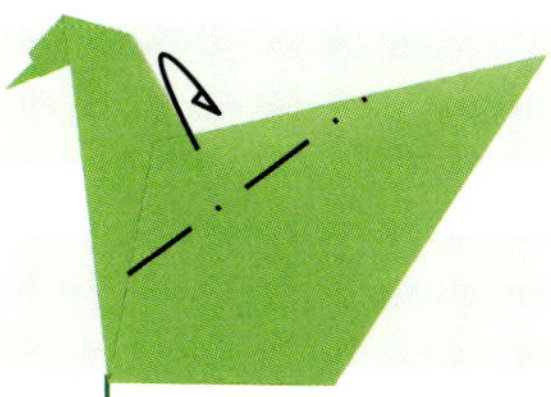

8 Die obere Lage nach hinten bergfalten. Auf der Rückseite wiederholen.

9 Die untere Ecke nach hinten bergfalten. Auf der Rückseite wiederholen.

SCHILDKRÖTE

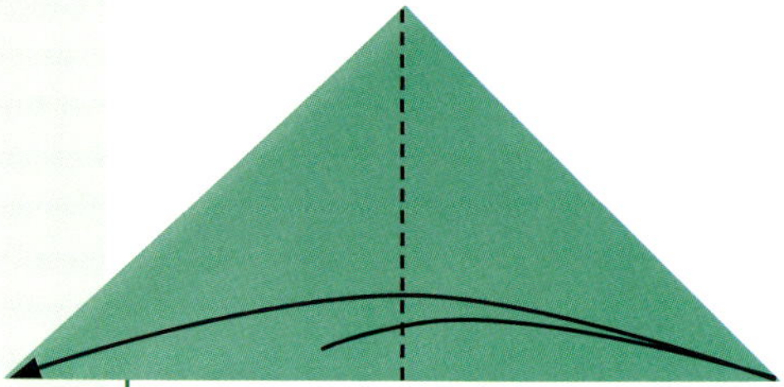

1 Grundform 1 falten. Die rechte auf die linke Seite falten und entfalten.

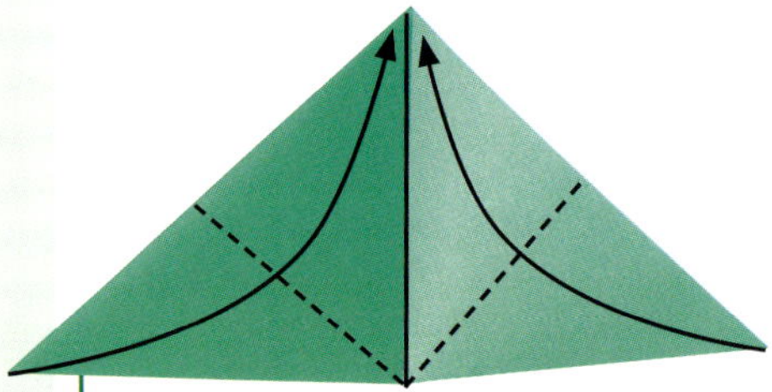

2 Die rechte und linke Spitze zur oberen talfalten.

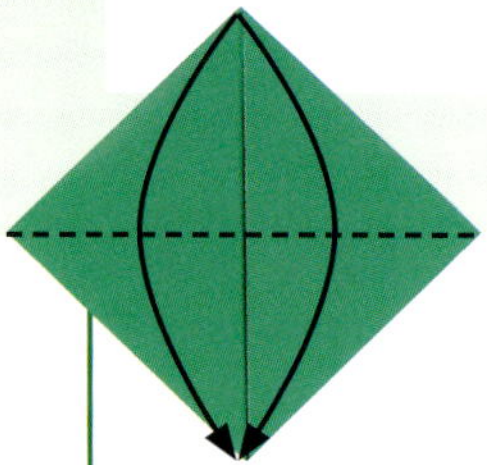

3 Die Spitzen der oberen Papierlage nach unten falten.

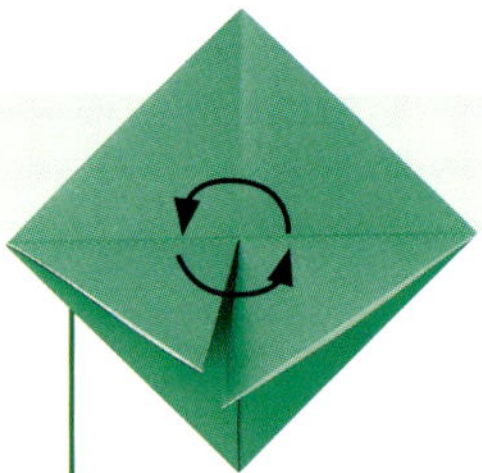

4 Das Papier um 180 Grad nach oben drehen.

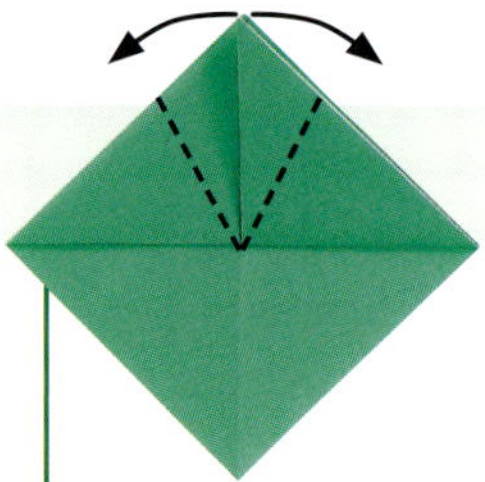

5 Die beiden Spitzen zur Seite falten.

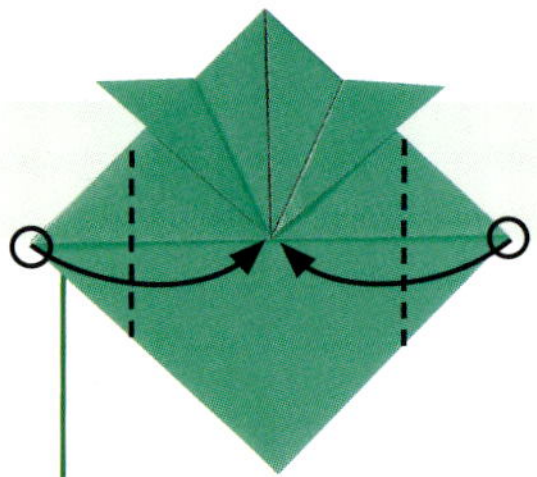

6 Die markierten Ecken zur Mitte talfalten.

7 Die obere Spitze nach unten knicken ...

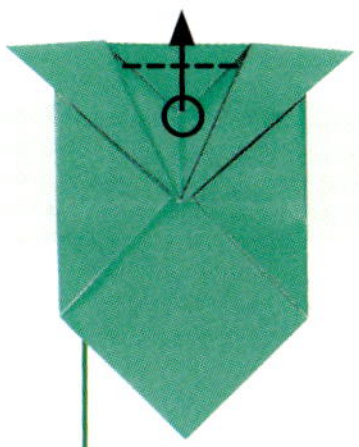

8 ... und die markierte Spitze wieder ein Stück nach oben falten.

9 Die obere Papierlage an der Markierung einschneiden.

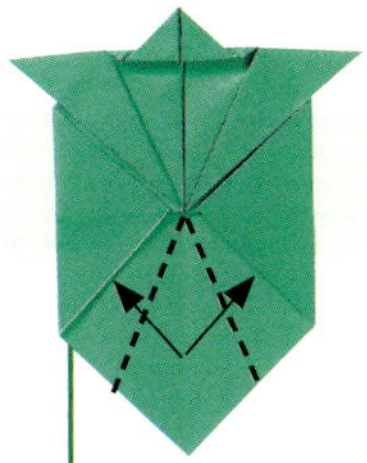

10 Vom Einschnitt aus auf beiden Seiten in Pfeilrichtung falten.

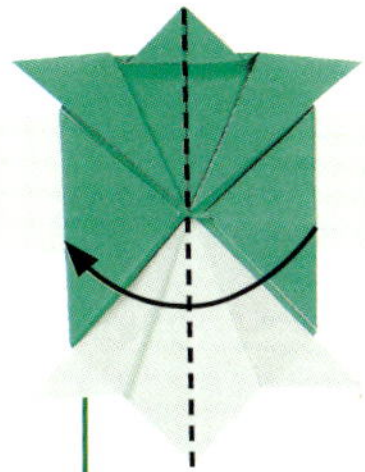

11 Das Tier in der Mitte zusammenklappen.

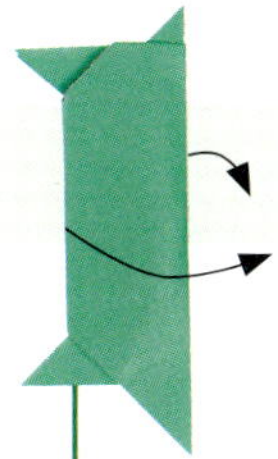

12 Das Papier wieder leicht öffnen.

TAUBE

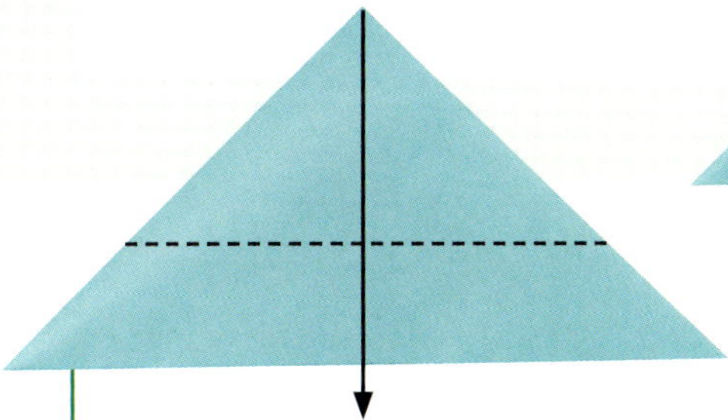

1 Grundform 1 falten. Die doppelte Spitze talfalten.

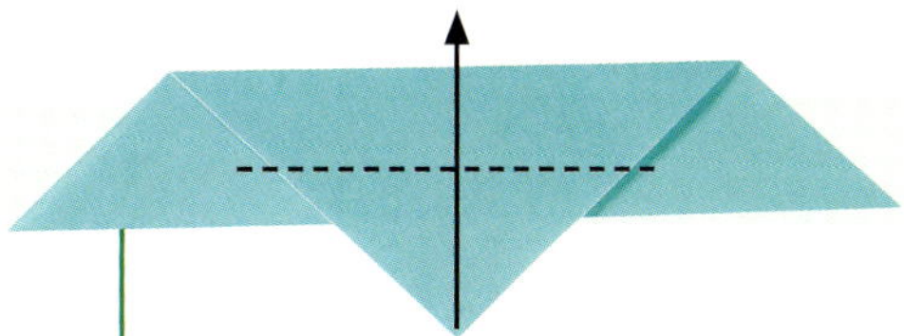

2 Die obere Lage nach oben falten.

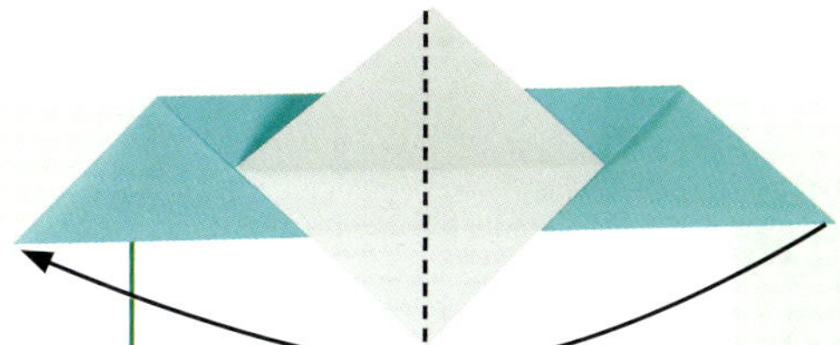

3 Die rechte auf die linke Spitze talfalten.

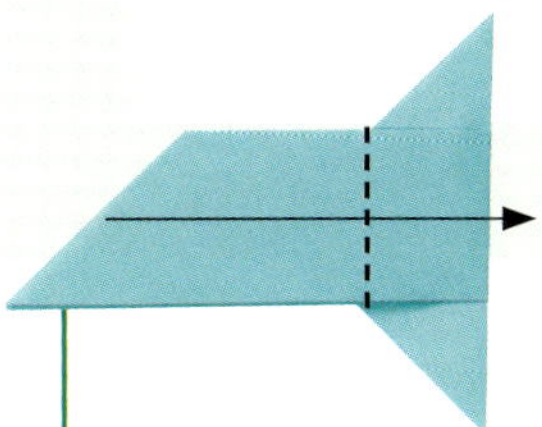

4 Den vorderen Flügel an der Talfaltlinie nach rechts falten.

5 Das Gleiche nun auf der Rückseite wiederholen.

6 An der oberen Spitze eine Nakawarifaltung (siehe Seite 8) machen. Das Papier um 90 Grad nach links drehen.

NARZISSE

Blüte

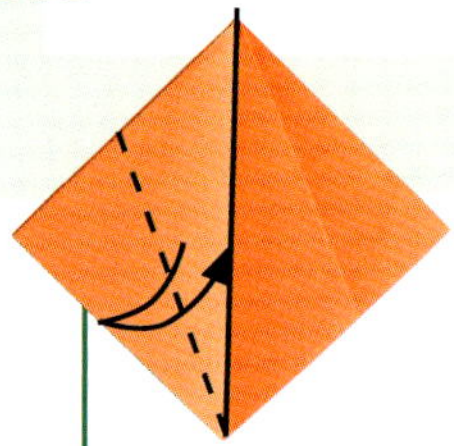

1 Grundform 5 falten (offene Spitzen liegen unten). Die obere rechte Lage zur Mitte falten und wieder entfalten.

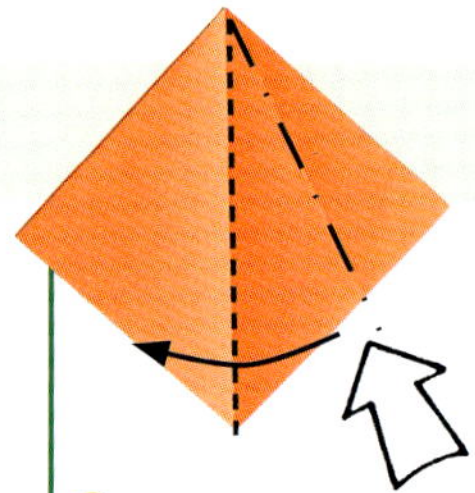

2 Das rechte Dreieck senkrecht aufstellen und öffnen. Das entstandene Dreieck flach drücken.

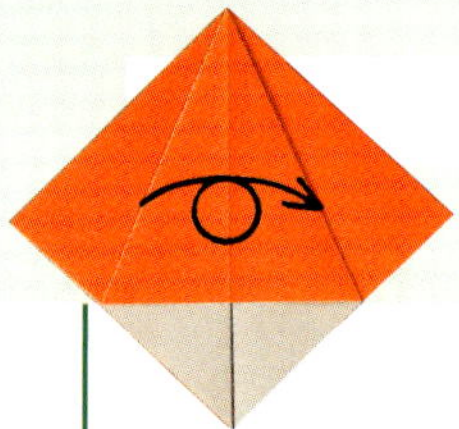

3 Das Papier wenden.

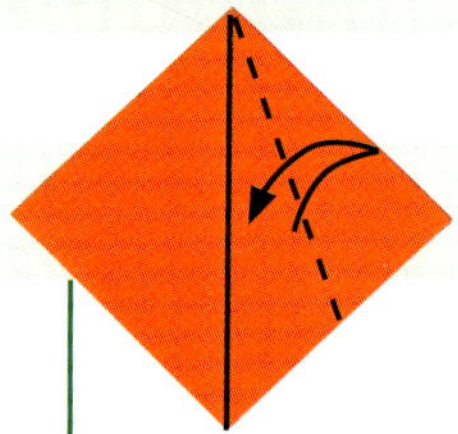

4 Faltungen 1 und 2 wiederholen.

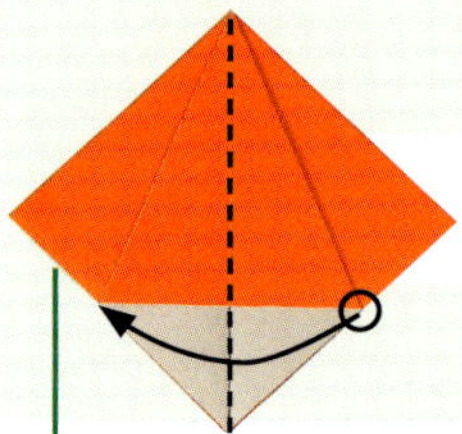

5 Die markierte rechte Ecke auf die linke legen.

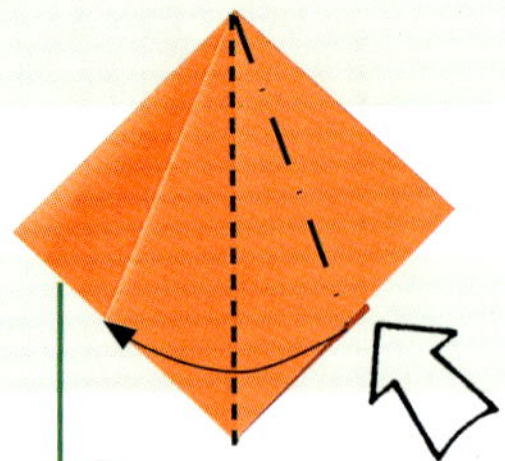

6 Auf der rechten Seite Faltung 2 wiederholen.

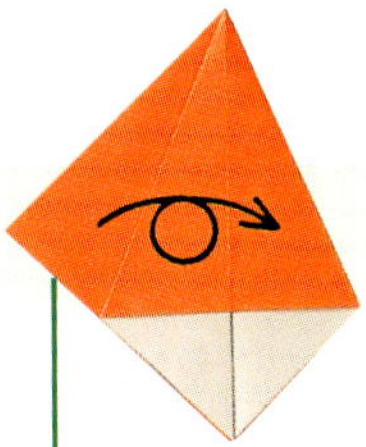

7 Das Papier wenden.

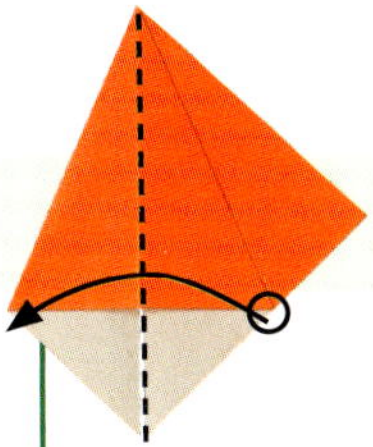

8 Die markierte Ecke nach links falten.

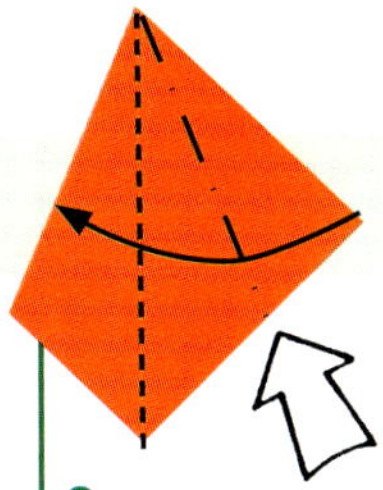

9 Faltung 2 wiederholen.

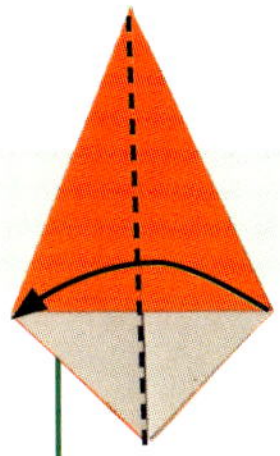

10 Die obere rechte Kante auf die linke legen.

11 Die Außenkanten zur Mitte falten.

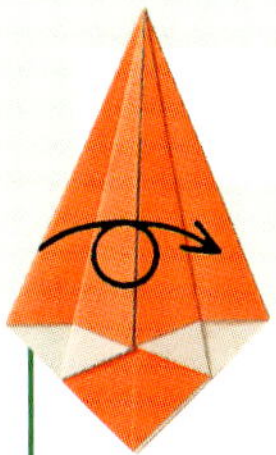

12 Das Papier wenden.

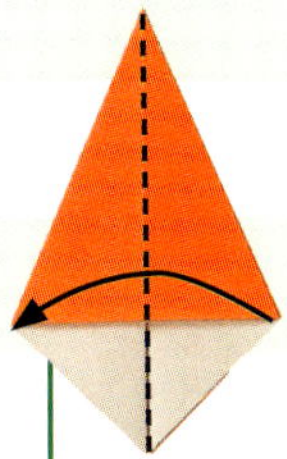

13 Die Faltungen 10 und 11 wiederholen.

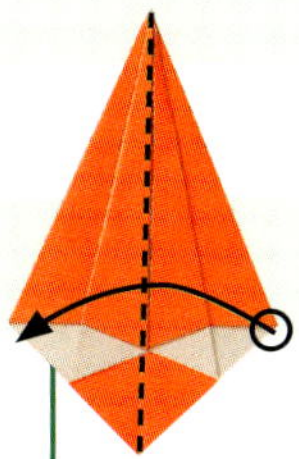

14 Die markierte Ecke nach links klappen.

15 Die Außenkanten zur Mitte talfalten.

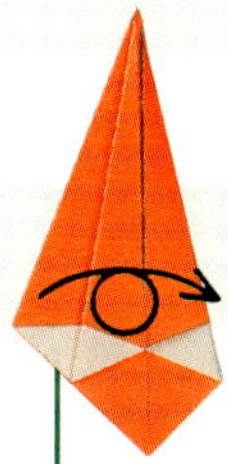

16 Das Papier wenden.

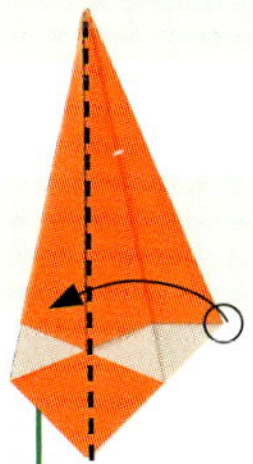

17 Die markierte Ecke nach links falten.

18 Die Außenkanten zur Mitte falten.

19 Rechts und links liegen je vier Lagen. Die vordere untere Spitze nach oben falten.

20 Das Gleiche (Schritt 19) mit den anderen drei Spitzen wiederholen. Dann das Papier um 180 Grad drehen.

21 Die Blüte mit dem Zeigefinger öffnen.

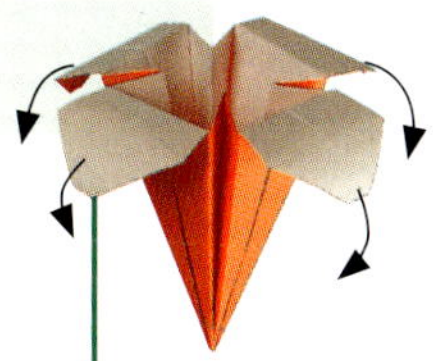

22 Die Blätter auseinander ziehen und die Spitzen mit einem Stift wölben.

Blüteninnere

Tipp

Das Papier, mit dem das Blüteninnere gefaltet wird, sollte nur halb so groß sein wie das der Blüte.

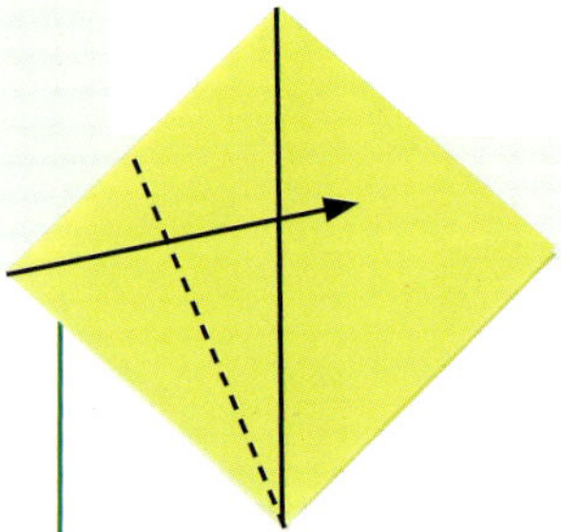

1 Grundform 5 falten (offene Spitze liegt unten). Die vordere linke Kante an der Talfaltlinie in Pfeilrichtung falten.

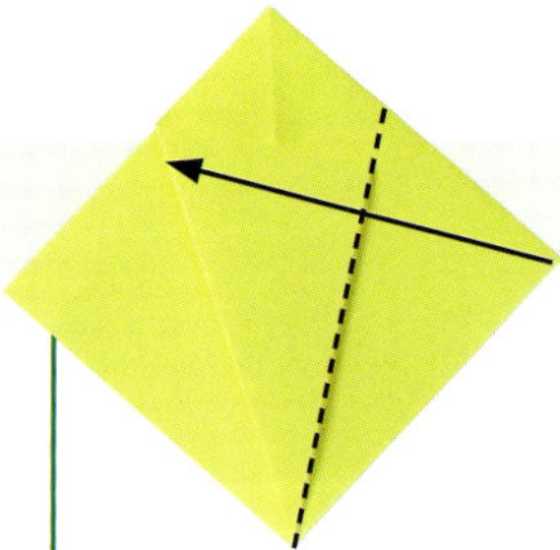

2 Die rechte Kante auf die linke des Dreiecks falten.

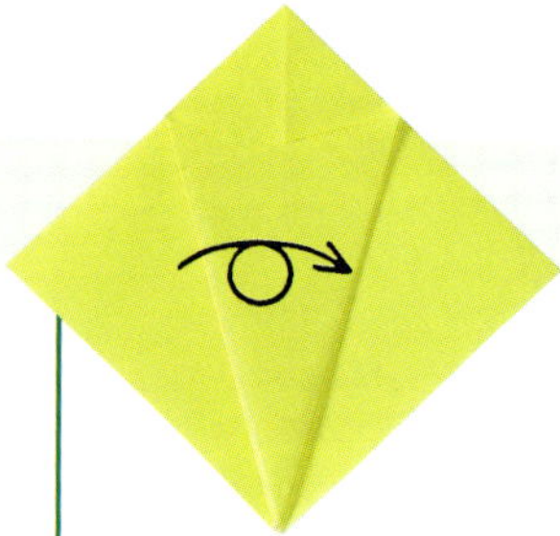

3 Das Papier wenden und die Faltungen 1 und 2 auf der anderen Seite wiederholen.

4 Die rechte Kante auf die linke talfalten. Auf der Rückseite wiederholen.

Tipp

Auf der DVD sehen Sie Schritt für Schritt, wie eine zauberhafte Iris entsteht.

Stiel

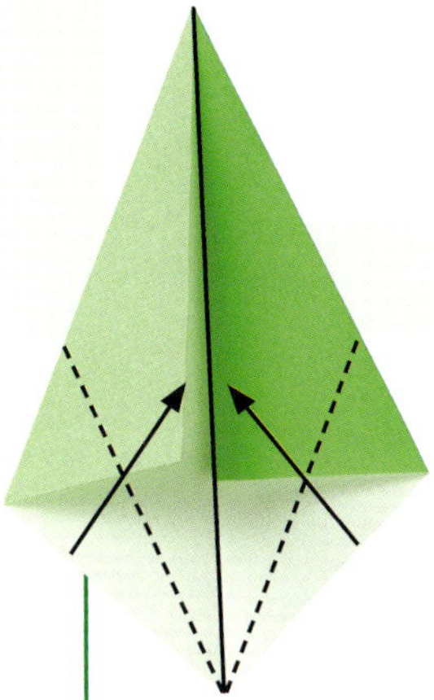

1 Grundform 3 falten. Die unteren Ecken zur Mittellinie talfalten.

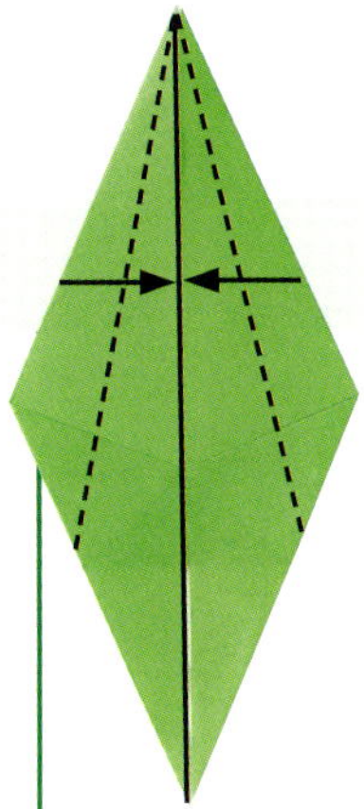

2 Die Kanten rechts und links zur Mittellinie talfalten.

3 Die untere Spitze nach oben falten.

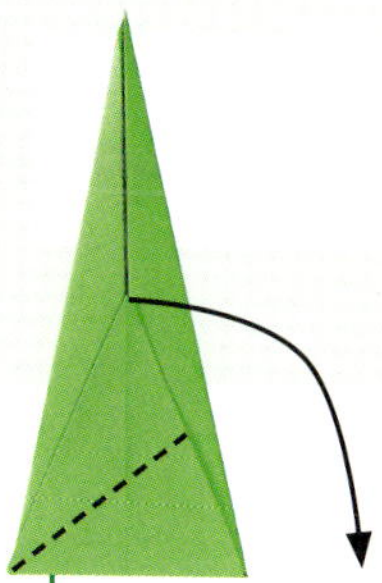

4 Die Spitze nach rechts unten falten, so dass die linke Kante des Dreiecks auf der Unterkante liegt.

5 Das untere Dreieck gut flach drücken. Die Form in der Mitte zusammenklappen.

6 An der markierten Stelle mit Daumen und Zeigefinger halten. Die Spitze leicht nach oben ziehen.

Das Blüteninnere in die Blüte setzen, diese unten abschneiden und den Stiel einschieben.

WEIHNACHTSMANN

Kopf

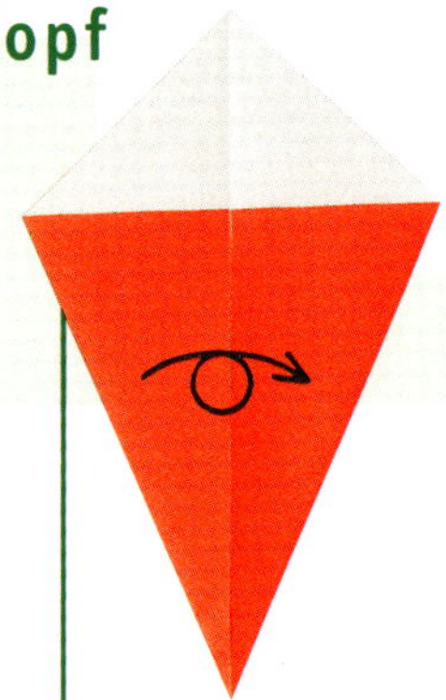

1 Grundform 3 falten. Das Papier wenden.

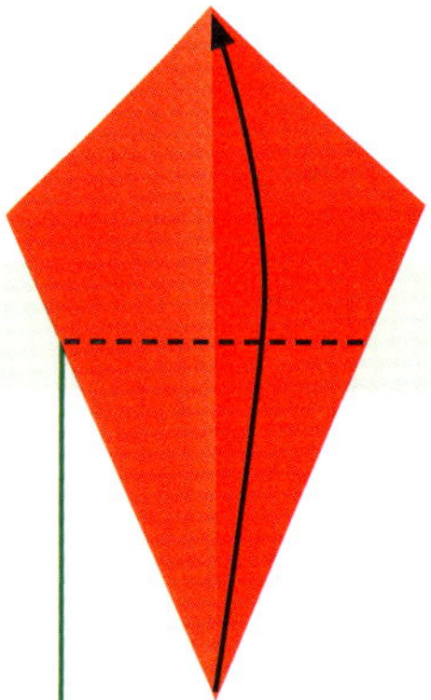

2 Die untere Spitze auf die obere talfalten.

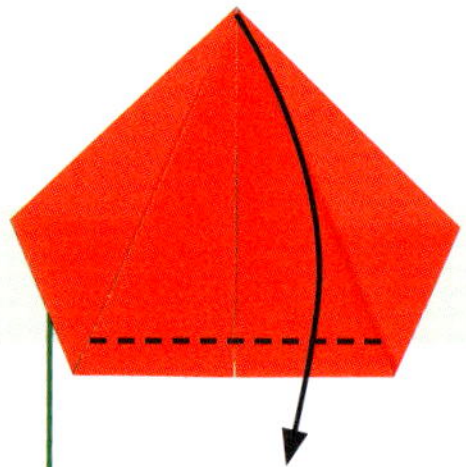

3 Die vordere obere Spitze an der Talfaltlinie nach unten falten.

Tipp

Das Papier zum Falten des Kopfes sollte nur halb so groß wie das für den Körper sein.

4 Das Papier um 180 Grad drehen und dann wenden.

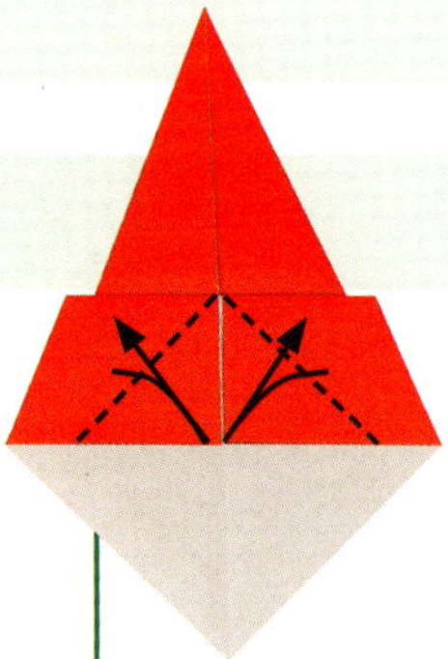

5 Die vordere rechte und linke Lage nach oben falten und entfalten.

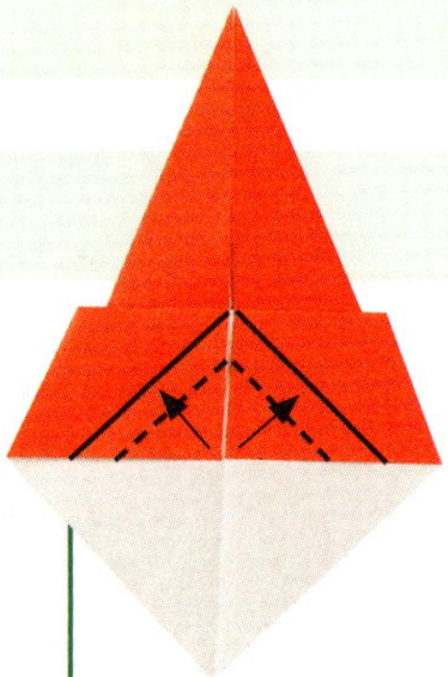

6 Die Ecken zur Vorfaltlinie falten.

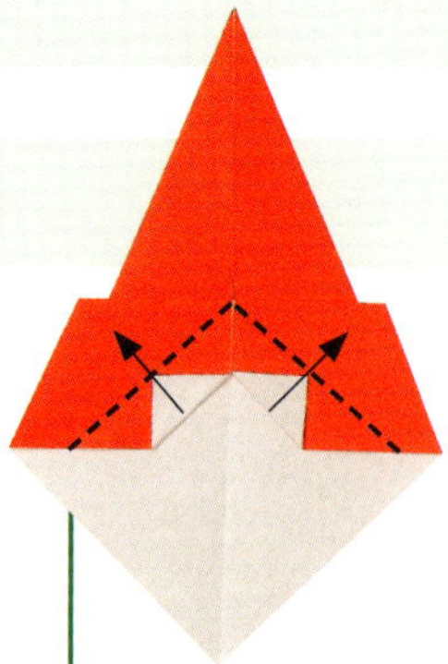

7 Die unteren Kanten nach oben falten.

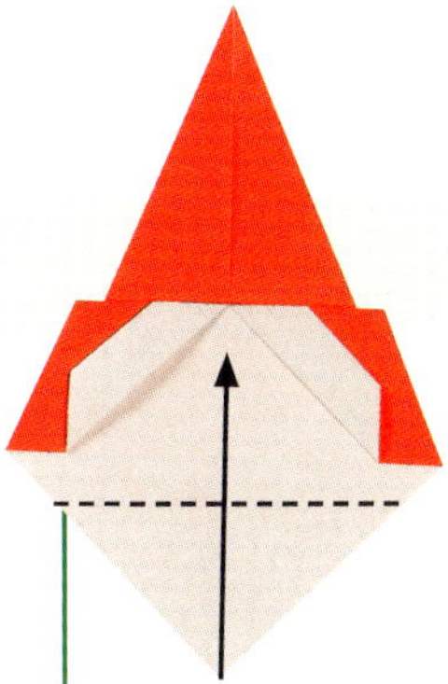

8 Die untere Spitze an der Talfaltlinie nach oben falten.

9 Die Spitze wieder nach unten talfalten.

10 Das Papier wenden.

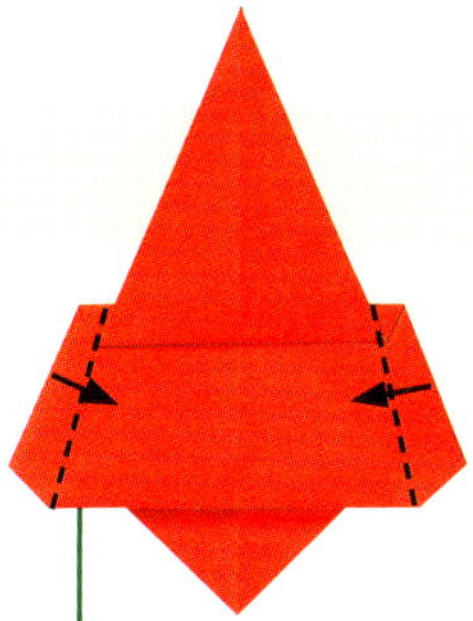

11 Die rechte und linke Kante nach innen talfalten.

12 Die unteren Ecken an den Talfaltlinien in Pfeilrichtung falten.

13 Das Papier wenden.

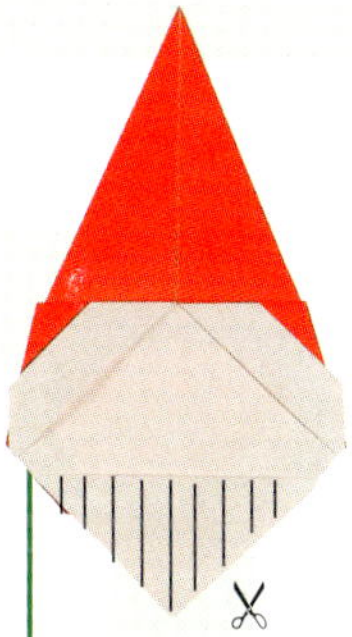

14 An den Markierungen einschneiden.

Körper

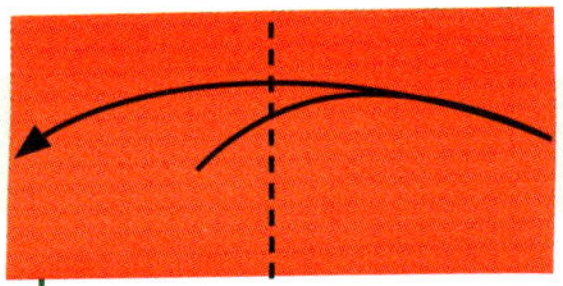

1 Grundform 2 falten. Die offene Seite nach unten legen. Die rechte auf die linke Kante falten und entfalten.

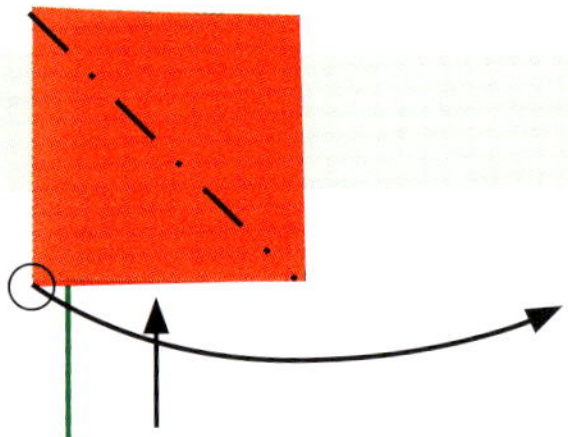

2 Das vordere Viereck öffnen und die markierte Ecke nach rechts klappen. Das entstandene Dreieck flach drücken.

3 Das Papier wenden.

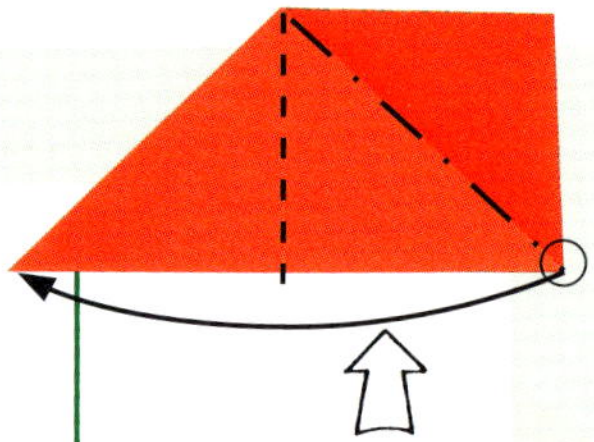

4 Das vordere Viereck öffnen und die markierte Ecke nach links klappen. Das entstandene Dreieck flach drücken.

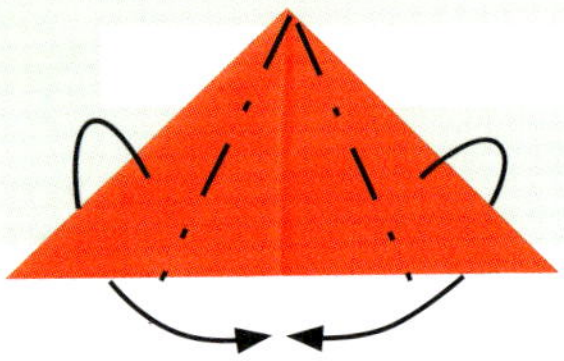

5 Die vorderen Ecken nach innen bergfalten.

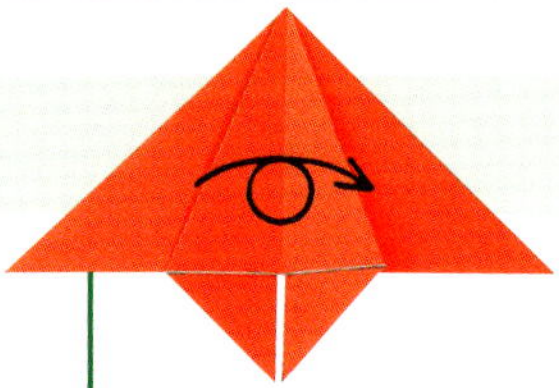

6 Das Papier wenden.

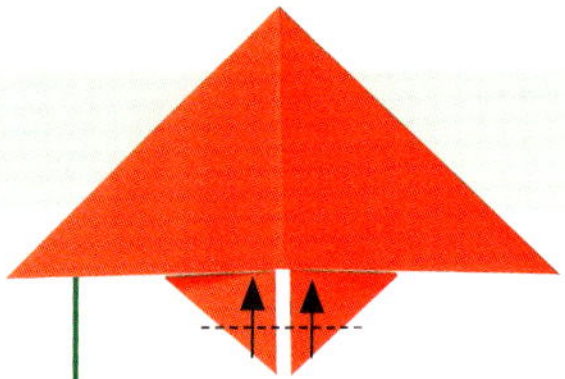

7 Die Spitzen nach oben talfalten.

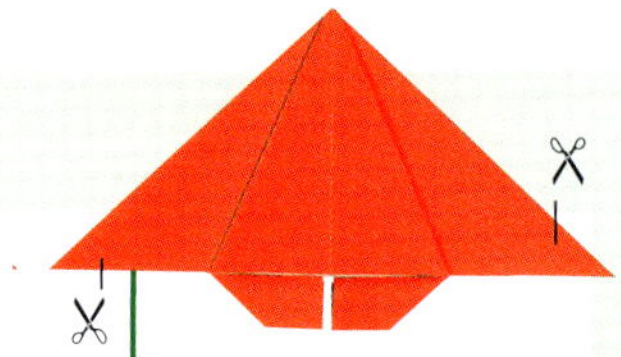

8 An den markierten Stellen mit der Schere einschneiden.

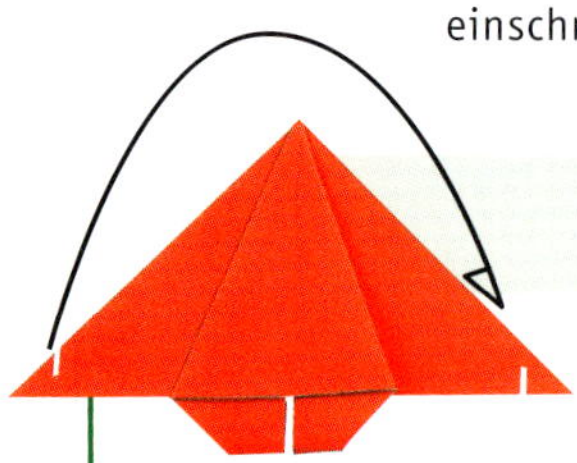

9 Den linken in den rechten Schlitz schieben.

Tipp

Mit dem Kopf des Weihnachtsmannes können Sie eine Grußkarte schmücken.

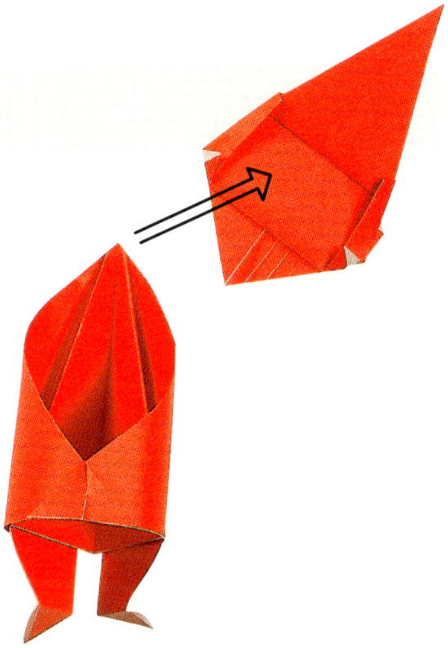

Die Spitze des Körpers in die hintere Falte des Kopfteils schieben.

RENTIER

Tipp

Für das Rentier sollte beidseitig gefärbtes Papier verwendet werden. Sie benötigen drei Blätter.

Kopf

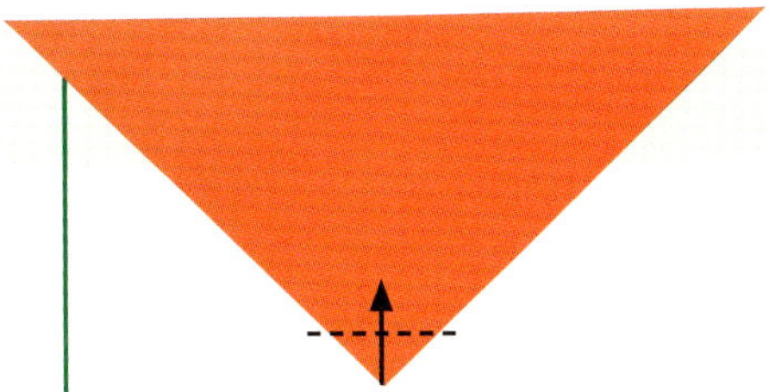

1 Grundform 2 falten. Die Spitzen an der Talfaltlinie nach oben falten.

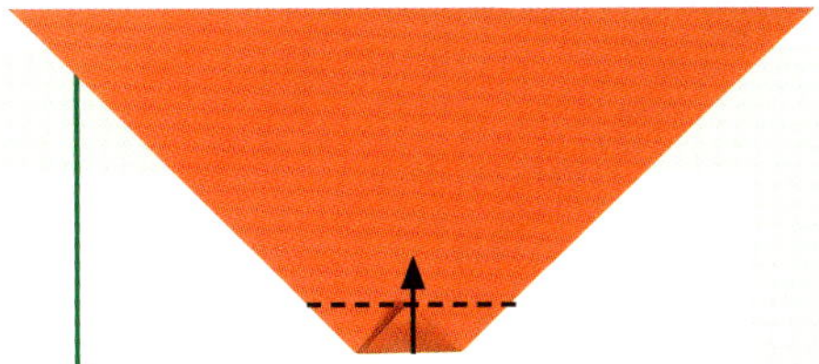

2 Die Kante nach oben falten.

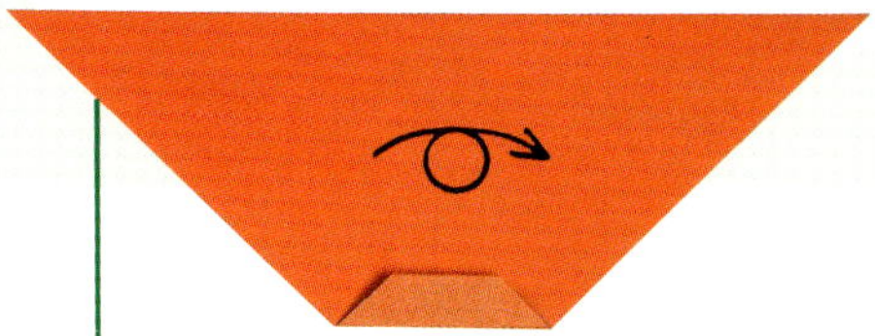

3 Das Papier wenden.

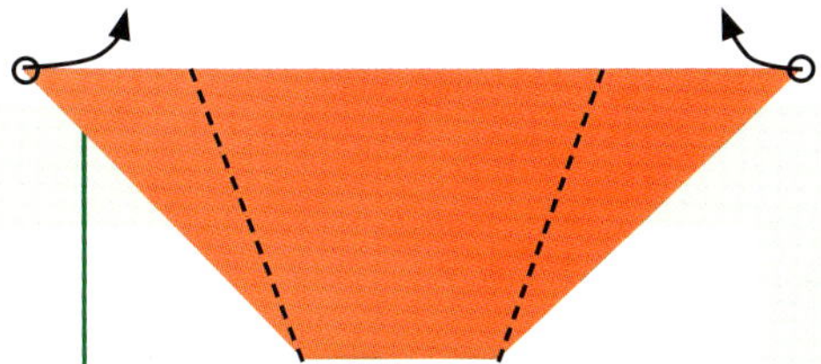

4 Die markierten Spitzen nach oben talfalten.

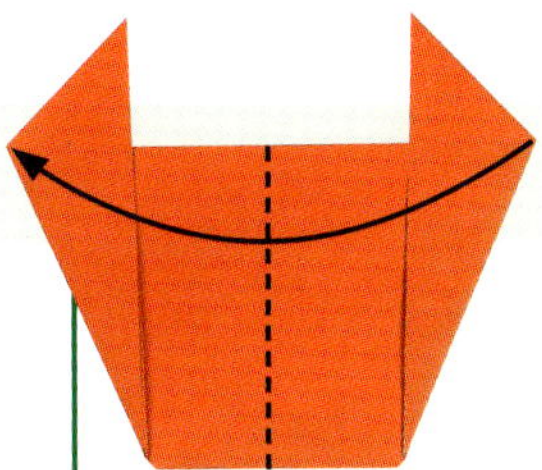

5 Die rechte Papierhälfte auf die linke talfalten.

Vorderteil

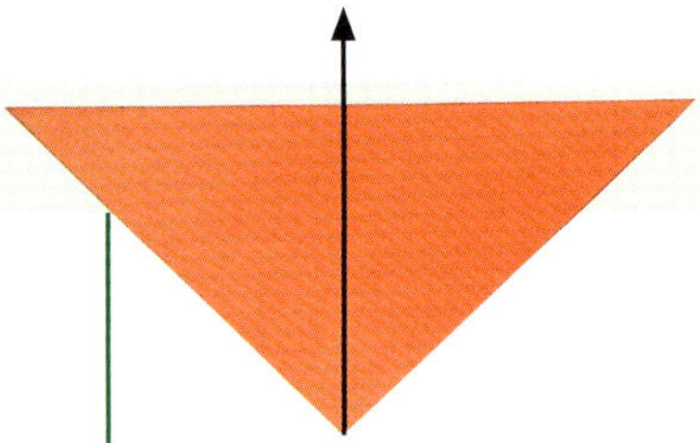

1 Grundform 1 falten und entfalten.

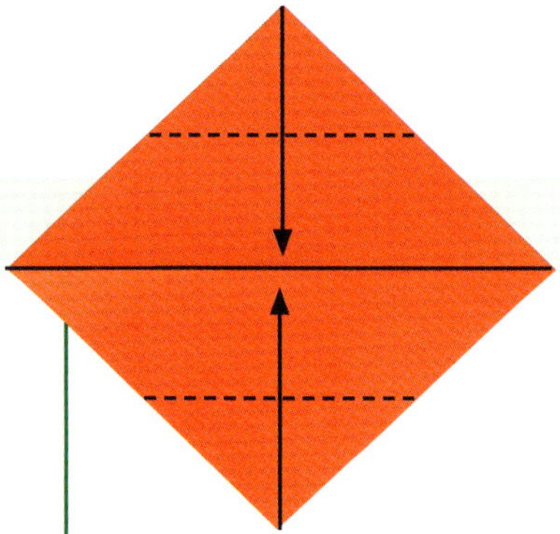

2 Die obere und untere Spitze zur Mitte falten.

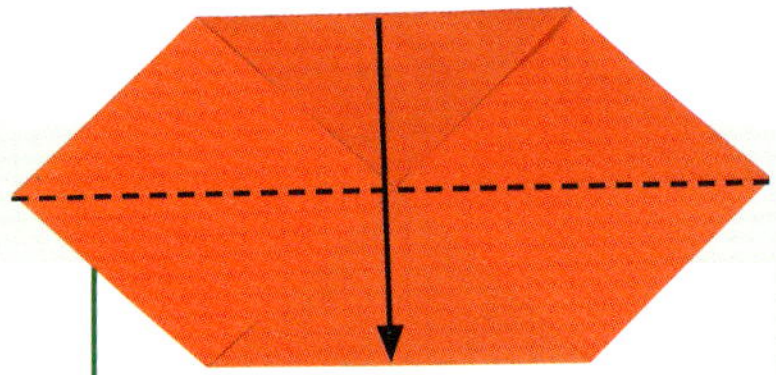

3 Die Oberkante auf die Unterkante talfalten.

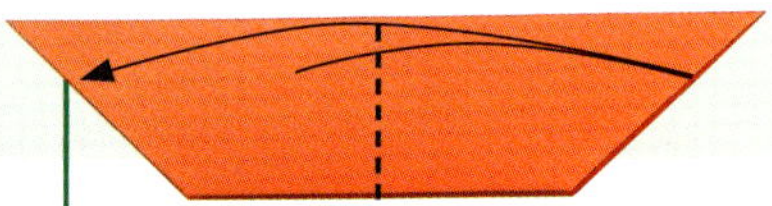

4 Die rechte Hälfte auf die linke talfalten und entfalten.

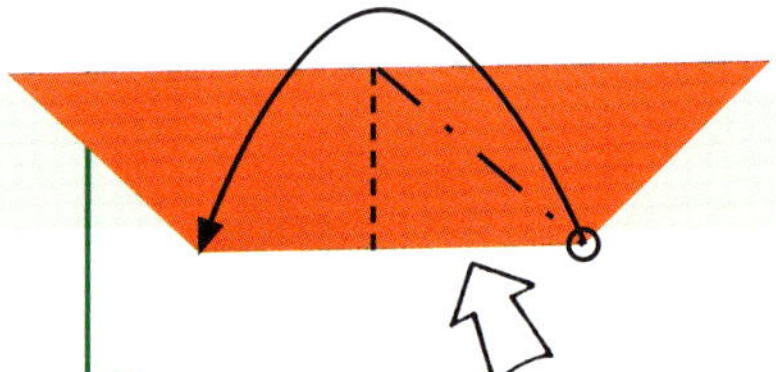

5 Die rechte Hälfte öffnen, senkrecht aufstellen und die Spitze nach unten ziehen, so dass ein Viereck entsteht.

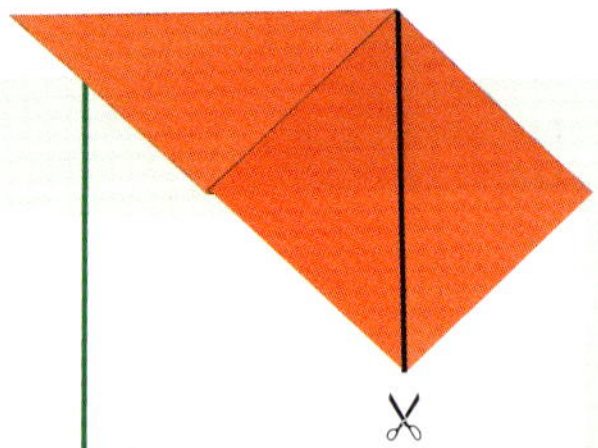

6 Die obere Papierlage an der Markierung einschneiden.

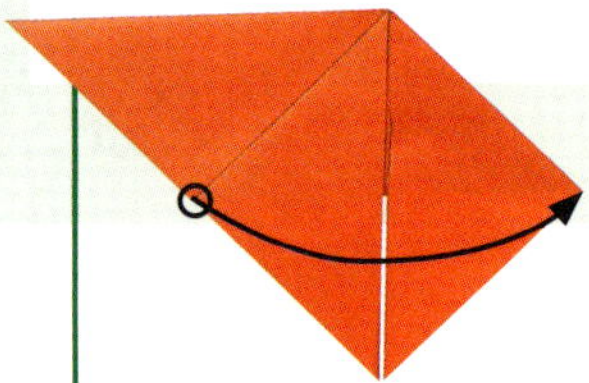

7 Die markierte Ecke nach rechts falten.

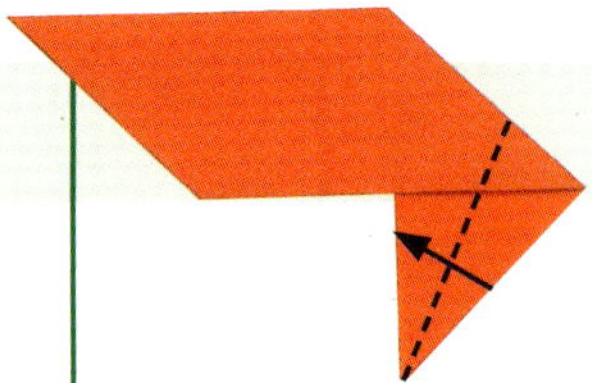

8 Die rechte Kante auf die linke legen. Auf der Rückseite wiederholen.

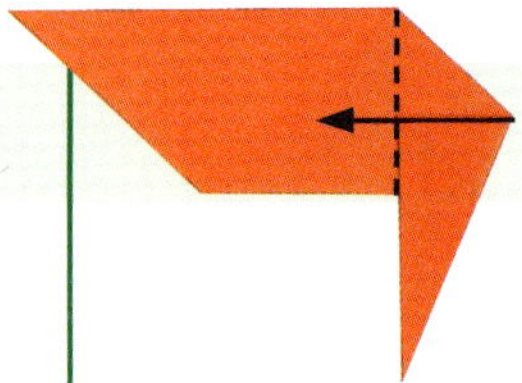

9 Das Dreieck nach links falten. Auf der Rückseite wiederholen.

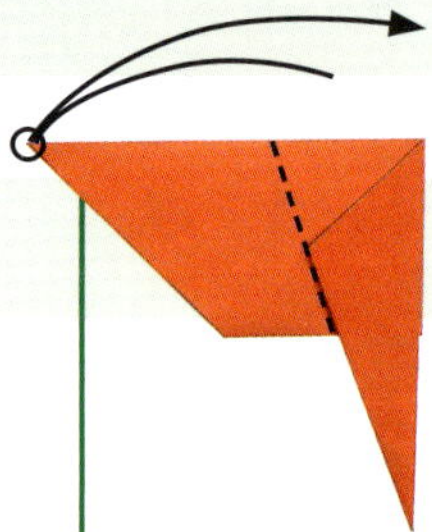

10 Die linke Spitze nach oben falten und entfalten. Dann das Papier öffnen.

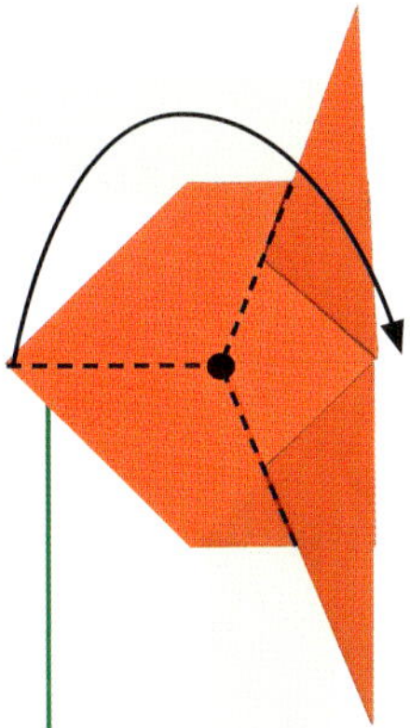

11 An der Markierung (Punkt) leicht mit dem Finger drücken und die linke Spitze nach rechts falten. Das Papier wieder zusammenklappen.

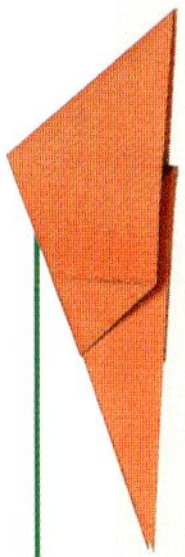

12 Das Dreieck flach drücken.

Hinterteil

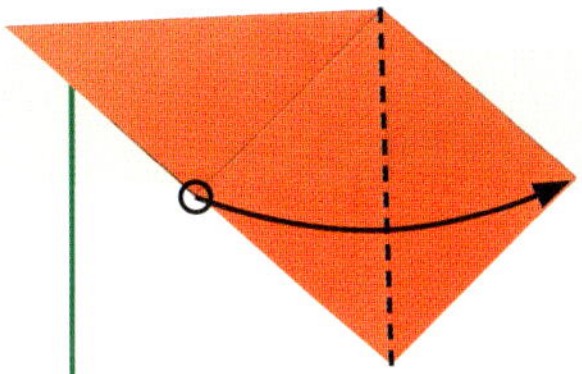

1 Faltschritte 1 bis 5 wie beim Vorderteil falten. Die markierte Ecke nach rechts falten.

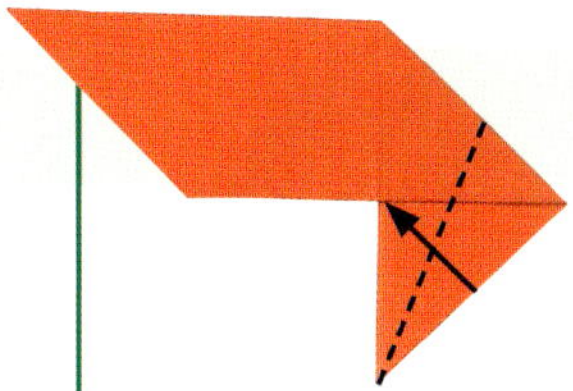

2 Die Kante der vorderen Papierlage an der Talfaltlinie nach rechts falten. Auf der Rückseite wiederholen.

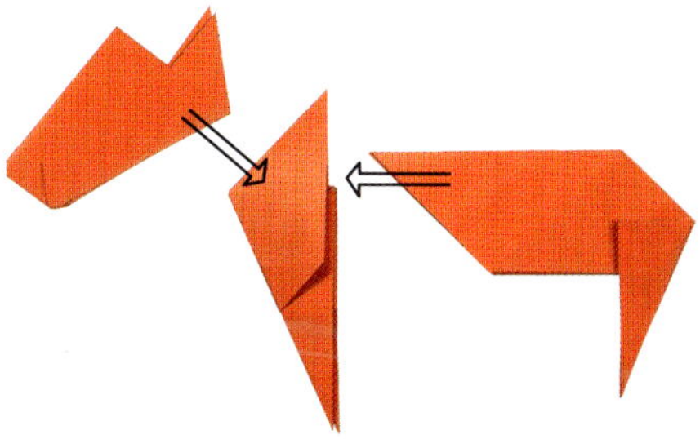

Das Hinter- in das Vorderteil schieben und den Kopf aufstecken. Ggf mit Klebstoff fixieren.

PRAKTISCHES ORIGAMI

STÄBCHENHALTER ENTE

Tipps

Für die Stäbchenhalter wird 7,5 cm großes Origamipapier verwendet.
Zum Falten der Kabusefalte das Papier an der markierten Stelle mit dem Daumen locker halten und gleichzeitig die Spitze nach vorne knicken.

1 Grundform 3 falten und wenden.

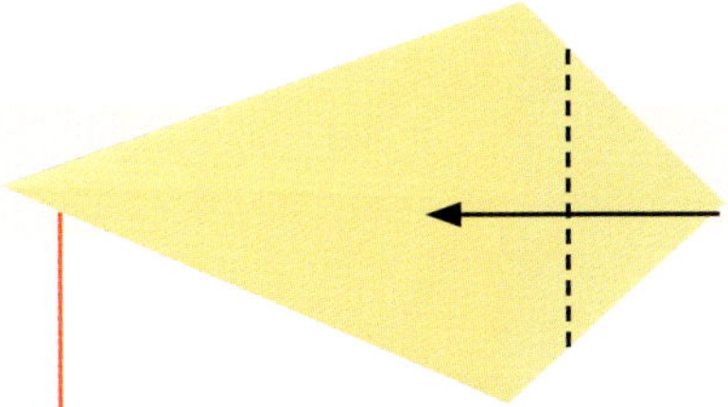

2 Die rechte Spitze nach links talfalten.

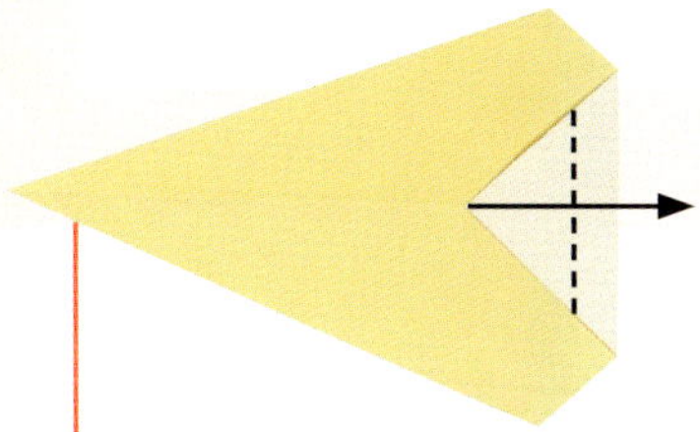

3 Die Spitze an der Talfaltlinie nach rechts falten.

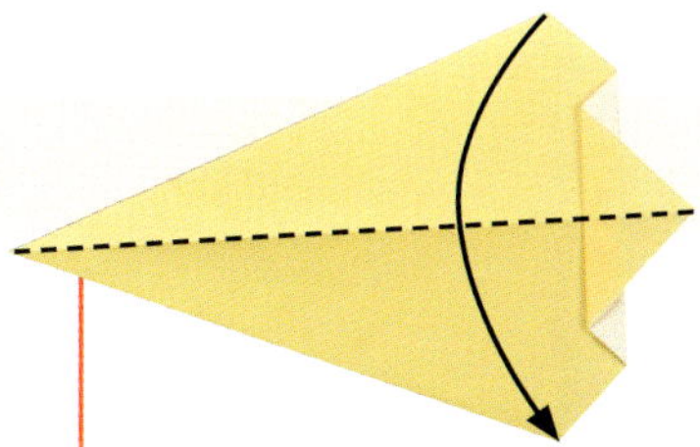

4 Die obere Kante auf die untere legen.

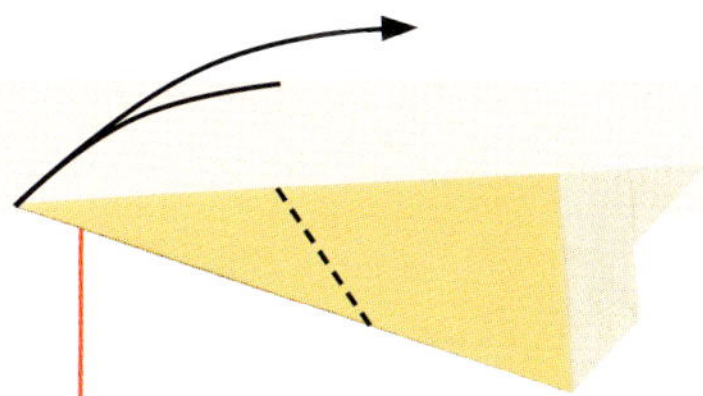

5 Die Spitze nach rechts talfalten und wieder entfalten.

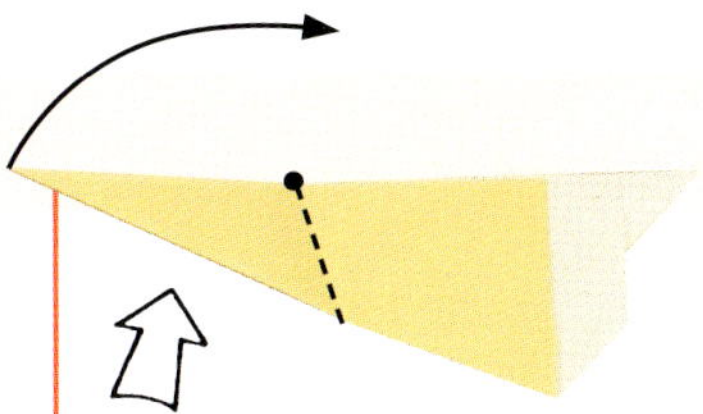

6 Die Spitze öffnen und eine Kabusefaltung (siehe Seite 8) machen.

7 An der Spitze eine Kabusefalte (siehe Seite 8) machen.

8 An der oberen vorderen Spitze eine Danfalte (siehe Seite 8) machen. Auf der Rückseite wiederholen.

STÄBCHENHALTER HASE

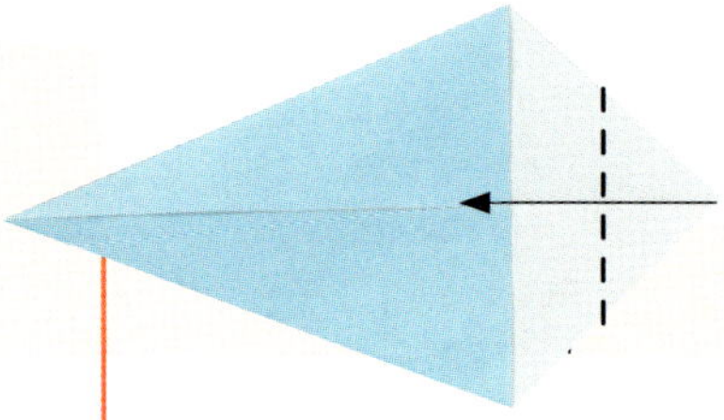

1 Grundform 3 falten. Die Spitze an der Talfaltlinie nach links falten.

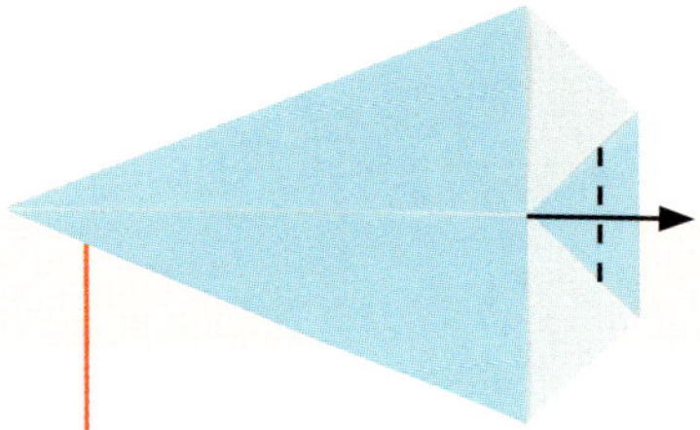

2 Die Spitze nach rechts falten.

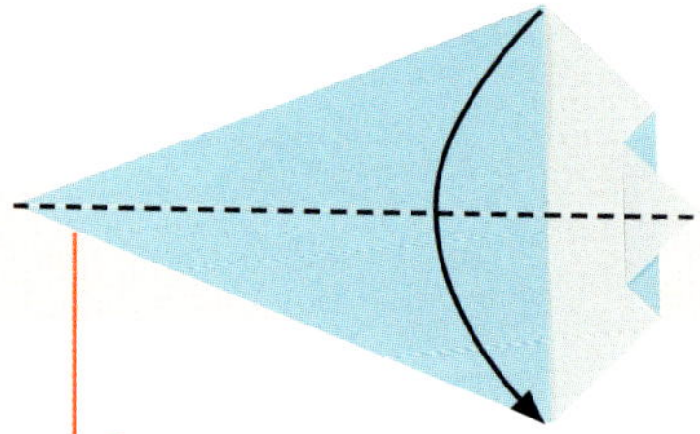

3 Die obere auf die untere Kante legen.

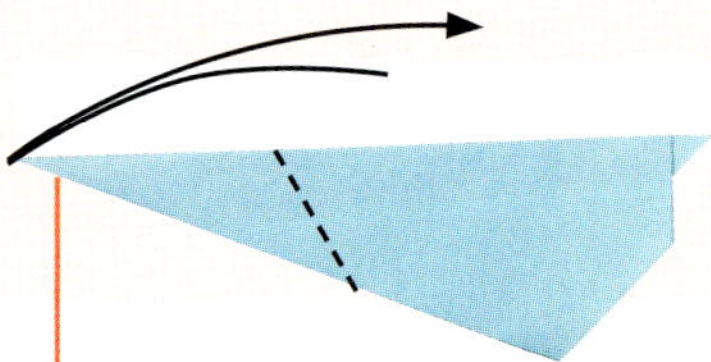

4 Die linke Spitze nach rechts talfalten und entfalten.

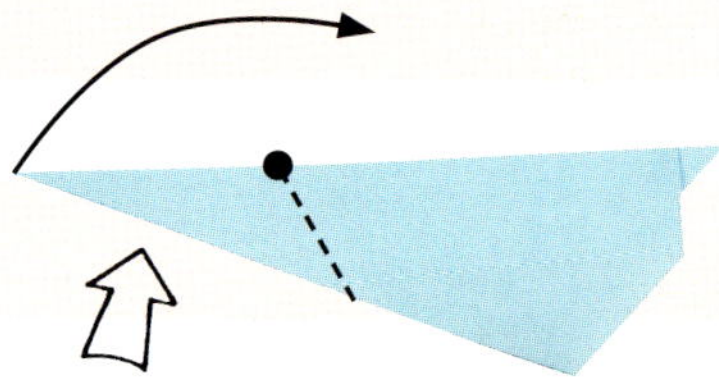

5 Das Dreieck öffnen und eine Kabusefaltung (siehe Seite 8) machen.

6 An der Markierung einschneiden.

7 Die Ohren öffnen und etwas wölben.

UNTERSETZER

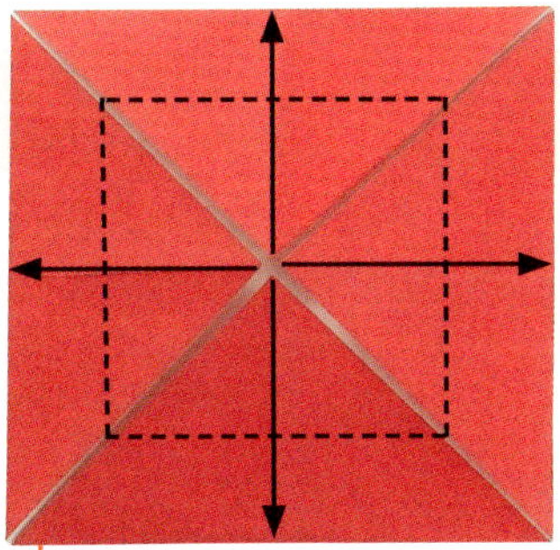

1 Grundform 4 falten. Die Spitzen zu den Außenkanten falten.

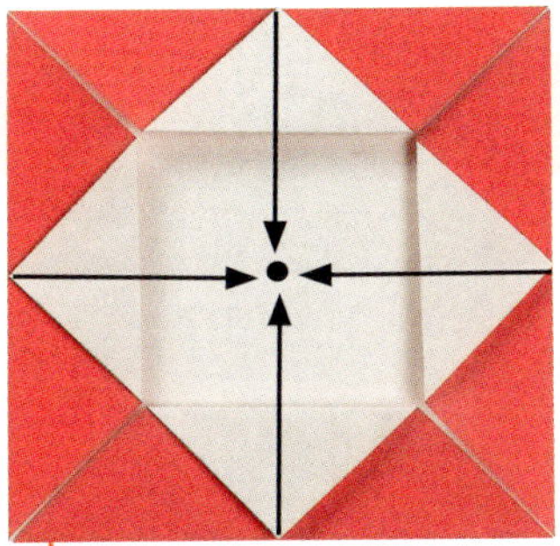

2 Die vier Ecken wieder zur Mitte falten.

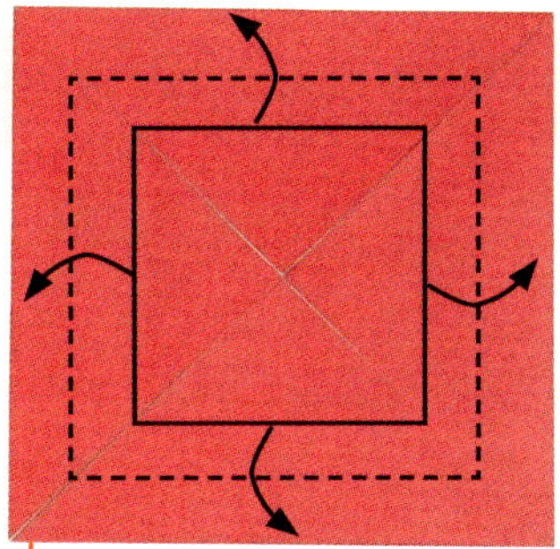

3 Die entstandenen Vorfaltlinien der Spitzen (durchgezogene Linie) auf die Außenkanten falten.

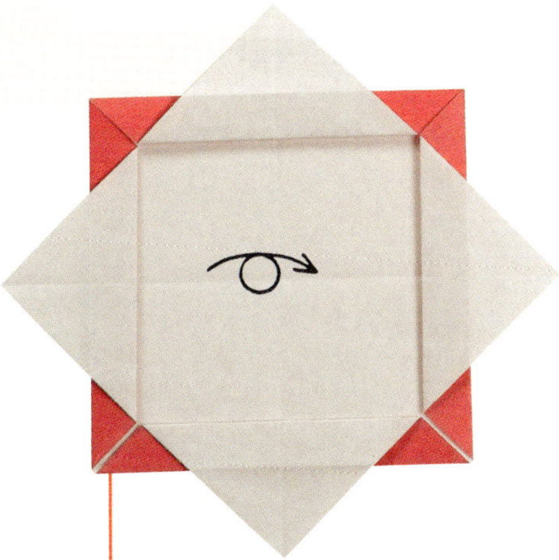

4 Das Papier wenden.

STEHENDE SCHACHTEL

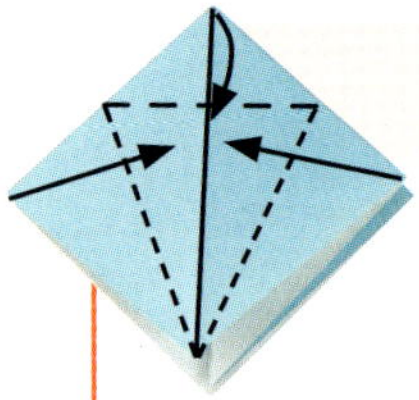

1 Grundform 5 falten (offene Spitze liegt unten). Die oberen Seitenkanten zur Mitte falten, darüber die Spitze falten.

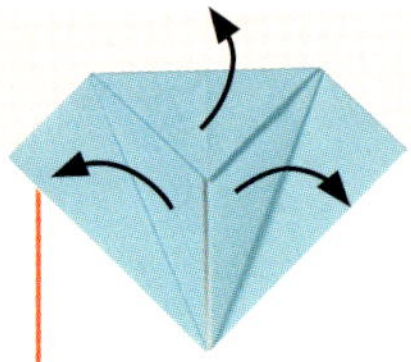

2 Wieder entfalten.

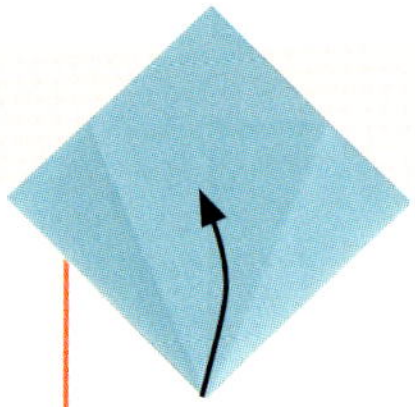

3 Die oberste Schicht öffnen …

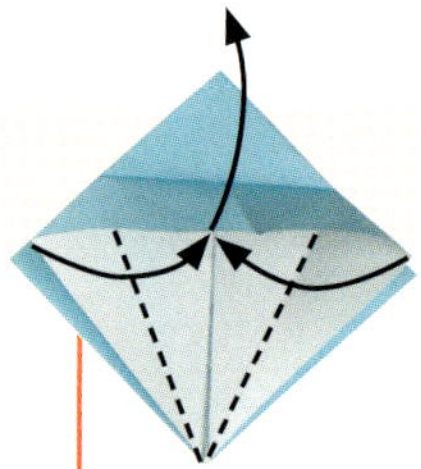

4 … und zum Rhombus falten (siehe Seite 9).

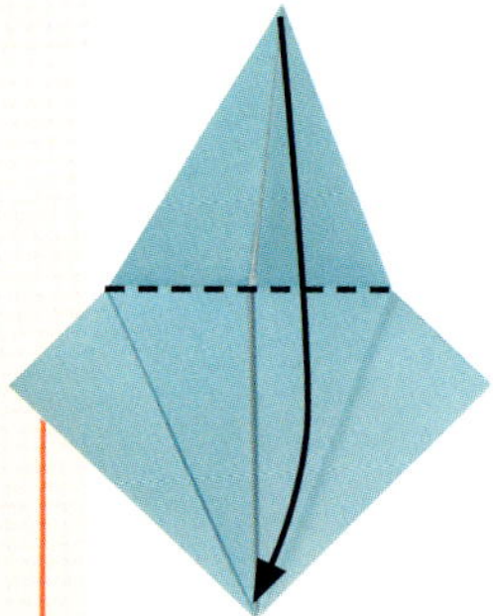

5 Die obere auf die untere Spitze talfalten.

6 Das Papier wenden.

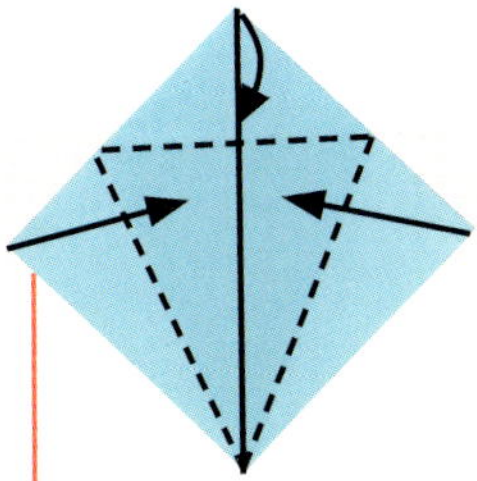

7 Die Faltschritte 1 bis 5 wiederholen.

8 Das Papier um 180 Grad nach oben drehen.

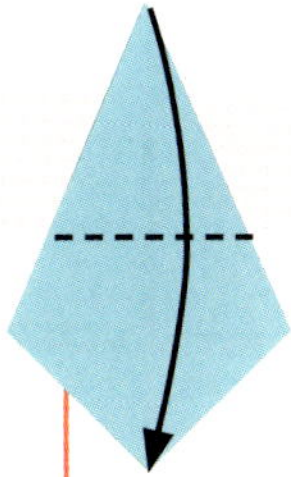

9 Die vordere obere Spitze nach unten falten.

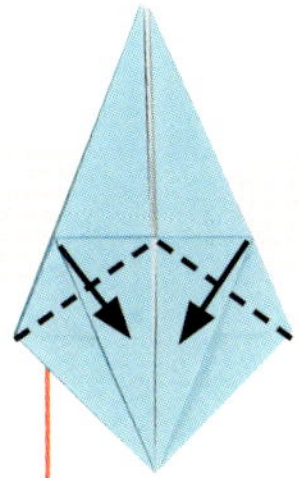

10 Die zwei Ecken nach unten falten.

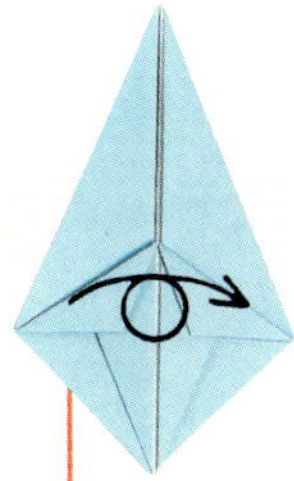

11 Das Papier wenden und die Faltschritte 9 und 10 wiederholen. Dann die rechte halbe Seite auf die linke Seite klappen und die Faltschritte wiederholen.

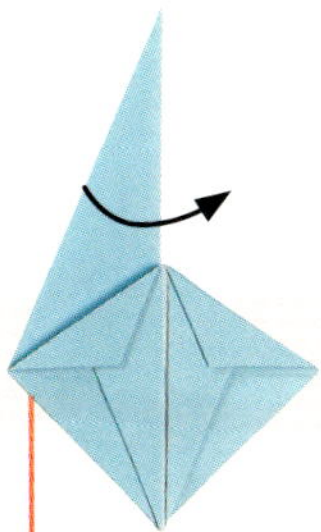

12 Die obere linke Kante nach rechts klappen.

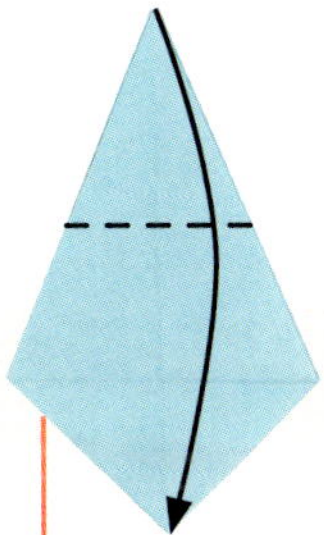

13 Die Faltschritte 9 und 10 wiederholen.

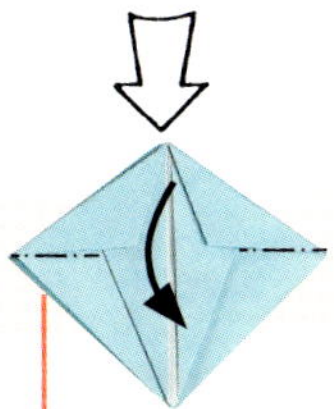

14 Auf jeder Seite sind nun zwei Papierlagen. Mit dem Zeigefinger von oben in die Schachtel fassen und zuerst vorne und hinten öffnen.

13 Dann nach rechts und links öffnen. Die Schachtel umdrehen und den Boden ausformen, so dass ein Viereck entsteht.

STERNFÖRMIGE SCHACHTEL

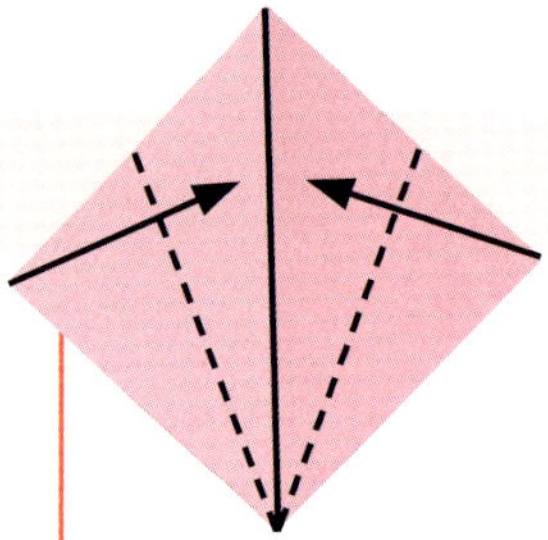

1 Grundform 5 falten. Die offenen Spitzen liegen unten. Die Kanten der vorderen Lagen zur Mitte falten.

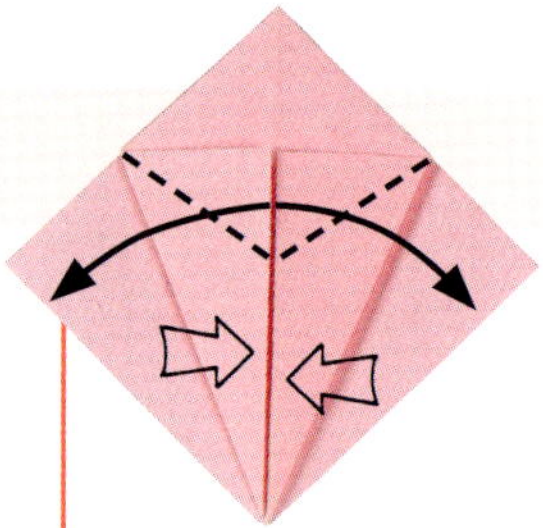

2 Die Dreiecke öffnen, aufklappen und die Spitze auf den Bruch legen. An den Kanten glatt streichen.

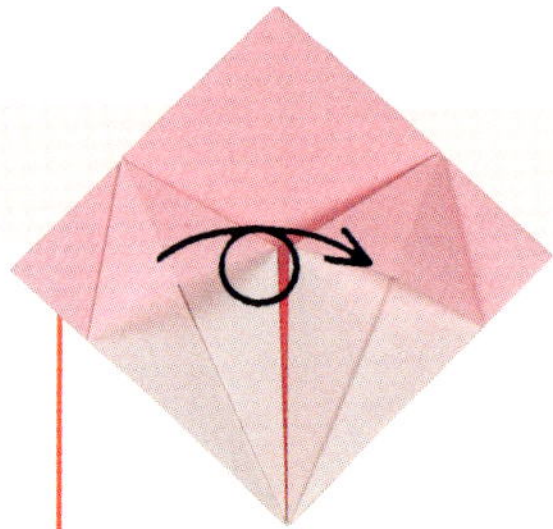

3 Das Papier wenden.

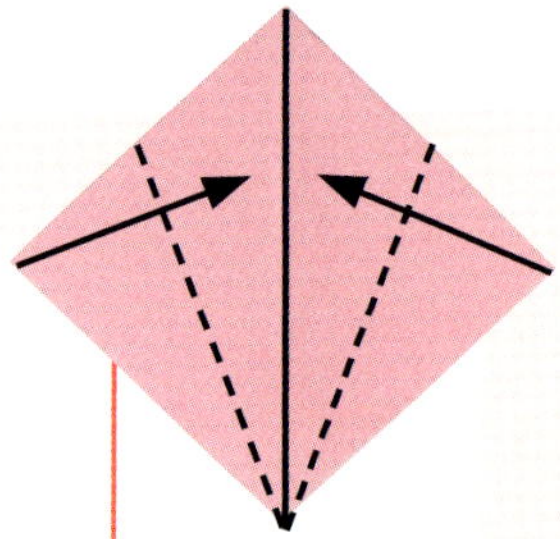

4 Die Faltschritte 1 (Kanten zur Mitte falten) und 2 auf dieser Seite wiederholen.

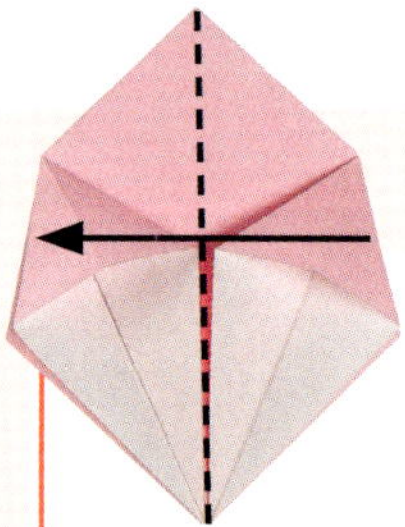

5 Die rechte Kante des Papiers auf die linke klappen. Auf der Rückseite wiederholen.

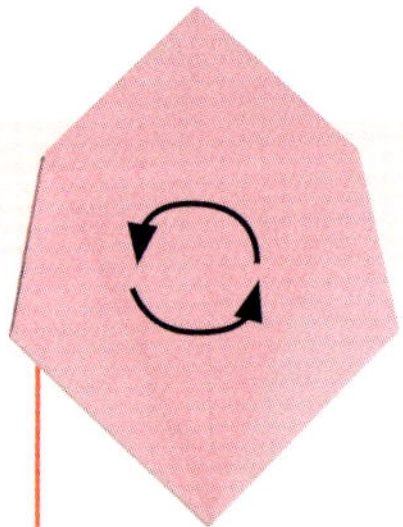

6 Das Papier um 180 Grad nach oben drehen, so dass die offenen Spitzen oben sind.

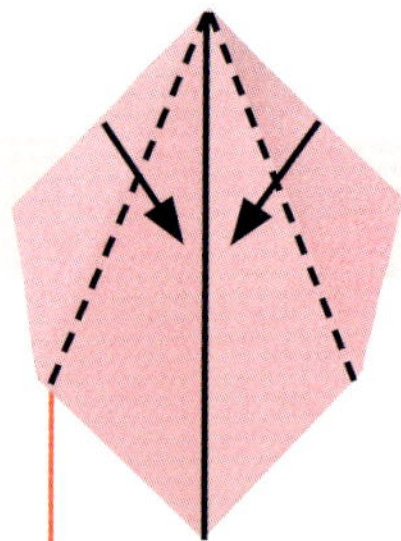

7 Die Kanten zur Mitte falten. Auf der Rückseite wiederholen.

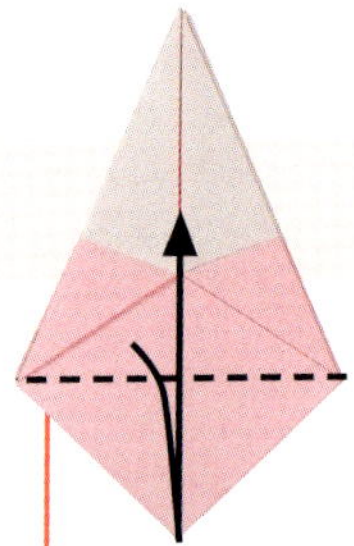

8 Die untere Spitze nach oben falten und wieder entfalten.

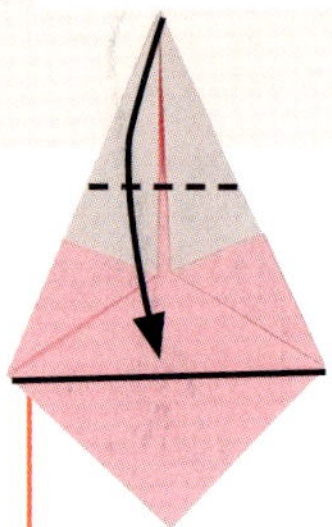

9 Die vordere Spitze auf die Vorfaltlinie legen.

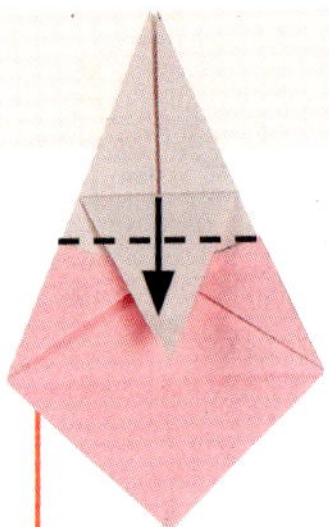

10 Die Kante nach unten falten.

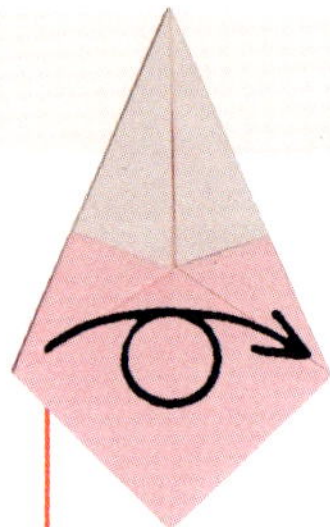

11 Das Papier wenden.

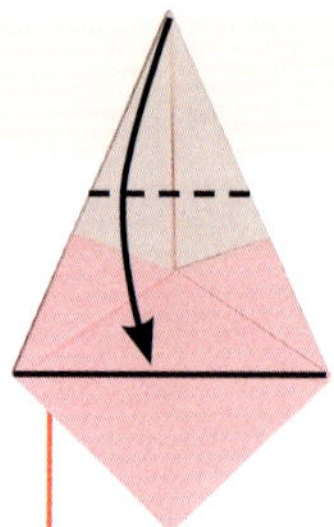

12 Die Faltschritte 9 und 10 wiederholen.

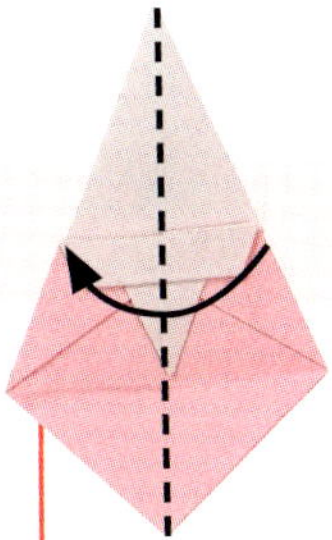

13 Die vordere rechte Kante auf die linke talfalten und die Faltschritte 9 und 10 wiederholen.

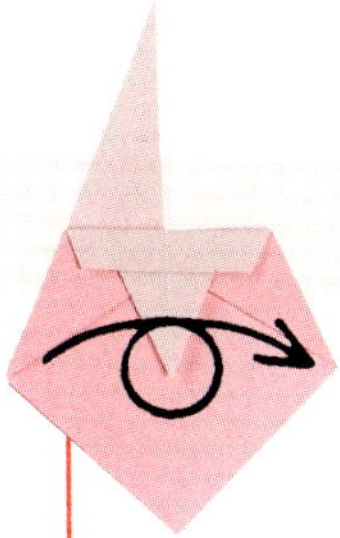

14 Das Papier wenden.

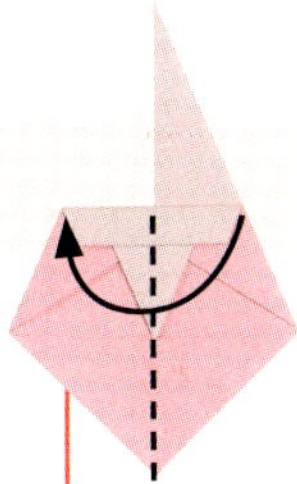

15 Die vordere rechte Kante auf die linke legen.

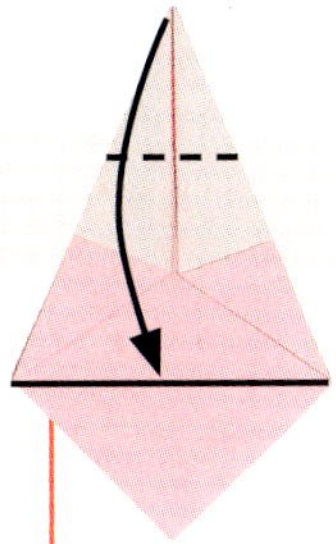

16 Die Faltschritte 9 und 10 wiederholen.

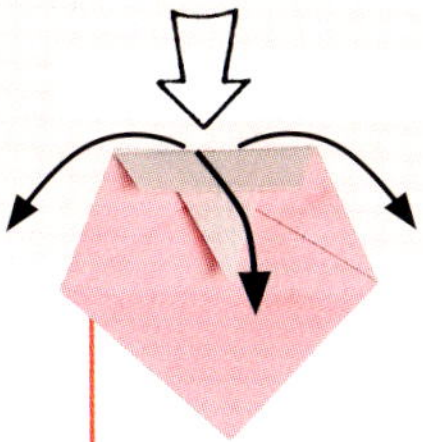

17 Mit dem Zeigefinger in der Mitte von oben in die Schachtel fassen und zuerst vorne und hinten öffnen. Das Papier um 180 Grad nach oben drehen. Dann rechts und links öffnen und die Schachtel auf den Kopf stellen.

18 Das Papier richtig öffnen und den Boden ausformen.

AUTORIN

Yumi Kajiwara-Gottscheber ist Japanerin. Sie wurde in Tokio geboren und ist dort aufgewachsen. In Japan studierte sie auch englische und amerikanische Literatur. Seit 1993 lebt sie in Deutschland, studierte Japanologie und war als Lehrbeauftragte für japanische Sprache und Landeskunde in Fachhochschulen tätig.
In ihrer Kindheit besuchte sie eine Kunstmalschule in Japan und erlernte dort das Papierkunstwerk. Besonders fasziniert sie die japanische Papierfaltkunst, Origami. Inzwischen faltet sie neben den Klassikern auch eigene Modelle. Ihr Interesse und Know-how an Origami gibt sie an deutschen Volkshochschulen an Kinder und Erwachsene weiter.
Sie praktiziert sowohl die reine Lehre des Origami, d. h. es wird nur gefaltet und nie etwas mit der Schere geschnitten, als auch die modernere Auslegung, in der die Schere erlaubt ist und Origamifiguren aus mehreren Teilen bestehen können.

IMPRESSUM

FOTOS: frechverlag GmbH, 70499 Stuttgart; Ullrich & Co., Renningen
KONZEPT: Monique Rahner
PROJEKTMANAGEMENT, LEKTORAT: Monique Rahner
GESTALTUNG, UMSCHLAG UND INHALT: Katrin Röhlig
DRUCK UND BINDUNG: frechdruck GmbH, Stuttgart
SPRECHER AUF DVD: Henrik van Ypsilon
FILMAUFNAHME: teamWerk.Die FilmProduktion GmbH, Stuttgart

Auflage: 5. 4. 3. 2. 1.
Jahr: 2011 2010 2009 2008 2007 [Letzte Zahlen maßgebend]

ISBN 978-3-7724-5053-2
Best.-Nr. 5053